MAE'R LLYFR
HWN YN EIDDO I

STRAEON NOS DA

I BOB

REBEL

O FERCH

STRAEON NOS DA I BOB REBEL O FERCH

HANES 100 ANHYGOEL O FERCHED

ELENA FAVILLI a FRANCESCA CAVALLO

ADDASIAD
ANGHARAD ELEN

Gomer

Mae hwn yn waith creadigol nad yw'n ffuglen. Mae'n gasgliad o straeon nos da agos atoch sy'n ysgogi'r meddwl ac sydd wedi ei ysbrydoli gan fywydau ac anturiaethau cant o ferched arwrol. Nid adroddiad gair am air ar ddigwyddiadau a llwyddiannau'r merched hyn mohono.

www.rebelgirls.co

ARGRAFFIAD CYNTAF

10 9 8 7 6 5 4

Cyfarwyddyd Golygyddol a Chyfarwyddyd Celf gan Francesca Cavallo ac Elena Favilli

Cynllun clawr gan Pemberley Pond

Prosiect graffeg gan Cori Johnson

Argraffir *Straeon Nos Da i Bob Rebel o Ferch* ar bapur o goedwigoedd cynaliadwy. Defnyddir inc yn deillio o lysiau a soi yn unig.

Argraffwyd a chyhoeddwyd yng Nghymru

The mark of
responsible forestry

Yn gyflwynedig i'm hoff chwyldroadwyr:
Nel, Cain, Syfi a Lewsyn,
AE

Addaswyd yn 2017 gan
Wasg Gomer, Llandysul, Ceredigion SA44 4JL
www.gomer.co.uk

Cyhoeddwyd gyntaf yn Unol Daleithiau'r America yn 2016 gan Timbuktu Labs. Cyhoeddwyd gyntaf ym Mhrydain yn 2017 gan Particular Books.

ISBN 978 1 78562 231 1

ⓑ y testun: Elena Favilli a Francesca Cavallo, 2016 ©
ⓑ y lluniau: Y darlunwyr, 2016 ©
ⓑ yr addasiad: Angharad Elen, 2017 ©

Mae Angharad Elen wedi datgan ei hawl dan Ddeddf Hawlfreintiau, Dyluniadau a Phatentau 1988 i gael ei chydnabod fel addasydd y llyfr hwn.

Dymuna'r cyhoeddwyr gydnabod cymorth ariannol Cyngor Llyfrau Cymru.

Argraffwyd a rhwymwyd yng Nghymru gan Wasg Gomer, Llandysul, Ceredigion SA44 4JL

I bob rebel o ferch:

Breuddwydia'n fwy

Anela'n uwch

Brwydra'n galetach

A phan mae dy hyder yn pallu, cofia

dy fod di wastad ar y trywydd iawn.

• CYNNWYS •

· RHAGAIR ·

Bydd y llyfr hwn wastad yn agos iawn at ein calonnau, a hynny am sawl rheswm: yr holl arian a gynilwyd drwy gyllido torfol (dros filiwn o ddoleri! *Straeon Nos Da i Bob Rebel o Ferch* ydy'r llyfr gwreiddiol sydd wedi derbyn y swm mwyaf o arian yn holl hanes cyllido torfol); y partneriaid amryfal o dros 70 o wahanol wledydd; a'r fraint o gael cydweithio ag artistiaid benywaidd talentog o bedwar ban byd.

Mae rhai rhesymau, fodd bynnag, yn llai amlwg: y negeseuon a gawson ni gan ddarpar rieni yn dweud mai hwn oedd y llyfr cyntaf iddyn nhw ei brynu i'w merched; ffrind i ffrind a ddywedodd fod yr ymgyrch yma wedi rhoi'r hyder iddi ddechrau gweithio ar brosiect a oedd wedi bod yn y drôr ganddi ers talwm oherwydd rhyw ofn na fyddai'n llwyddo; yr e-bost diolchgar gan fam oherwydd ei bod bellach, drwy gyfrwng y llyfr yma, yn medru rhannu ei bydolwg gyda'i thri mab – nid yn unig o safbwynt mam, ond hefyd o safbwynt menyw. Ond uwchlaw popeth, y ffydd ddiwyro a gawson ni gan ein cefnogwyr ar hyd y daith.

Cyfrwn ein bendithion yn hyn o beth, oherwydd nid bob dydd y bydd merched yn derbyn cefnogaeth mor frwd. Ni dderbyniodd y rhan fwyaf o'r merched rhyfeddol yn y gyfrol hon gefnogaeth o'r fath. Waeth pa mor bwysig oedd eu darganfyddiadau, pa mor feiddgar oedd eu hanturiaethau, pa mor athrylithgar oedd eu syniadau – câi'r merched hyn eu bychanu'n ddi-baid, neu eu hanghofio – a bu ond y dim i rai ohonyn nhw gael eu dileu o'r llyfrau hanes yn gyfan gwbl.

Mae'n hollbwysig fod merched yn dod i wybod am y rhwystrau sydd yn eu hwynebu. Mae hi'r un mor bwysig eu bod yn deall nad yw'r rhwystrau hyn yn anorchfygol a bod modd iddyn nhw nid yn unig eu trechu, ond eu diddymu'n llwyr, er mwyn helpu a hwyluso bywydau merched y dyfodol – yn union fel y gwnaeth y merched anhygoel y ceir eu straeon yma.

Boed i'r merched dewr yma ein hysbrydoli. Boed i'w portreadau serio ar gof ein merched ni y gred ddiymwad fod prydferthwch yn perthyn i bawb, o bob siâp a lliw, ac o bob oed. Boed i bob darllenydd ddeall fod llwyddiant yn golygu byw bywyd angerddol, yn llawn chwilfrydedd a haelioni. Boed i ni gofio, bob dydd, fod gan bawb hawl i fod yn hapus a hawl hefyd i fentro ar bob math o anturiaethau.

Gyda'r llyfr hwn bellach yn dy law, mae yna gyffro ar droed ynglŷn â'r byd newydd hwn yr ydym ni'n ei greu gyda'n gilydd, byd lle na fydd rhywedd yn diffinio pa mor fawr yw dy freuddwyd, nac yn pennu pa mor bell y medri fynd, a byd lle bydd pob un ohonon ni'n gallu dweud yn yn ddiflewyn-ar dafod, "Dw i'n rhydd".

Diolch am ymuno â ni ar y daith.

Elena Favilli
Francesca Cavallo

· ADA LOVELACE ·

MATHEMATEGYDD

Un tro, roedd yna ferch o'r enw Ada oedd yn dotio at beiriannau o bob math. Roedd hi hefyd wedi'i chyfareddu â'r syniad o hedfan.

Astudiodd adar er mwyn ceisio deall y cybwysedd perffaith rhwng lled adain a phwysau'r corff. Arbrofodd gyda deunyddiau a dyluniadau gwahanol er mwyn ceisio darganfod sut i hedfan. Er na lwyddodd erioed i esgyn fel aderyn, ysgrifennodd lyfr prydferth yn llawn lluniau o'r enw *Flyology*, ac ynddo mae ei holl ddarganfyddiadau ar gof a chadw.

Un noson, aeth Ada i barti mawreddog. Yno, cyfarfu â mathemategydd – hen ddyn surbwch o'r enw Charles Babbage. Roedd Ada'n fathemategydd gwych hefyd ac o fewn dim daeth y ddau'n ffrindiau pennaf. Cafodd Ada wahoddiad gan Charles i weld peiriant yr oedd wedi'i ddyfeisio. Enw'r teclyn oedd y Peiriant Gwahaniaeth (neu'r *Difference Machine*), ac roedd yn gallu adio a thynnu rhifau yn awtomatig. Doedd neb erioed wedi creu peiriant o'r fath o'r blaen.

O hynny allan, doedd gan Ada ddim byd arall ar ei meddwl.

"Beth petai yna ffordd i greu peiriant sy'n medru gwneud symiau mwy cymhleth?" dywedodd wrth Charles. Aeth y ddau ati â'u deg egni i greu peiriant oedd yn gwneud yn union hynny. Roedd o'n enfawr ac yn ddibynnol ar injan stêm anferth i'w redeg.

Ond roedd Ada eisiau mynd ymhellach na hynny: "Beth petai'r peiriant yn gallu canu a dangos llythrennau i ni, yn ogystal â rhifau?" meddai. Yr hyn yr oedd hi'n ei ddisgrifio, wrth gwrs, oedd math o gyfrifiadur elfennol – a hynny ymhell, bell cyn i gyfrifiaduron modern gael eu dyfeisio!

Ie, Ada a greodd y rhaglen gyfrifiadurol gyntaf erioed.

10 RHAGFYR 1815 – 27 TACHWEDD 1852

LLOEGR

"MAE GEN I YMENNYDD
ANFARWOL, FEL Y
DENGYS AMSER."
– ADA LOVELACE

• ALEK WEK •

MODEL

Un tro, roedd yna ferch o'r enw Alek, oedd yn arfer bwyta mango oddi ar y goeden ar y ffordd adref o'r ysgol. Yn ei phentref, doedd dim trydan na dŵr yn dod o'r tap. Roedd rhaid iddi gerdded i'r ffynnon agosaf i gael dŵr i'w yfed, ond er gwaethaf hynny, roedd Alek a'i theulu yn byw bywyd syml a dedwydd.

Ond yna, daeth rhyfel ofnadwy a chafodd bywyd Alek ei droi ben i waered yn llwyr. Wrth i'r seiren atseinio drwy'r pentref, doedd gan Alek a'i theulu ddim dewis ond ffoi rhag yr holl ymladd.

Tymor y glawogydd oedd hi ac roedd yr afon wedi gorlifo a'r pontydd dan ddŵr. Doedd Alek ddim yn gallu nofio ac roedd arni ofn y byddai'n boddi, ond helpodd ei mam hi i gyrraedd ochr arall yr afon yn ddiogel. Doedd ganddyn nhw ddim arian, felly roedd rhaid i fam Alek gyfnewid pecynnau o halen am fwyd a phasbortiau ar y daith. Fe lwyddon nhw i ddianc rhag y rhyfel, ac anelodd y ddwy am Lundain.

Un diwrnod, roedd Alek mewn parc pan ddaeth dieithryn ati. Roedd o'n gweithio i asiantaeth fodelu enwog ac yn awyddus i gynnig gwaith i Alek fel model dillad. Doedd mam Alek ddim yn fodlon o gwbl, ond ar ôl cryn berswâd gan yr asiantaeth, fe gytunodd mam Alek.

Am fod Alek yn edrych mor wahanol i bob model arall, gwnaeth argraff fawr yn syth.

Mae Alek am i bob merch arall ar y blaned wybod hyn: "Rwyt ti'n brydferth. Does dim ots os wyt ti'n wahanol, does dim ots os wyt ti'n swil. Does dim rhaid i ti ddilyn y dorf."

GANWYD 16 EBRILL 1977

Y SWDAN

DARLUN GAN
BIJOU KARMAN

"PAN FO PRYFERTHWCH
YN DISGLEIRIO Y TU
MEWN I NI, MAE'N
AMHOSIB EI WADU."
– ALEK WEK

·ALFONSINA STRADA·

BEICWRAIG

Un tro, roedd yna ferch oedd yn medru seiclo mor gyflym nes prin fod modd ei gweld hi'n pasio. Byddai ei rhieni yn gweiddi, "Paid â mynd mor gyflym, Alfonsina!" ond doedd waeth iddyn nhw heb, oherwydd byddai hi eisoes wedi gwibio heibio.

Pan briododd Alfonsina, roedd ei theulu wedi gobeithio y byddai'n rhoi'r gorau i freuddwydio am fod yn feicwraig. Ond yn hytrach, ar ddiwrnod ei phriodas, cafodd feic rasio newydd sbon danlli yn anrheg gan ei gŵr. Symudon nhw i fyw i Milan ac fe ddechreuodd Alfonsina hyfforddi'n broffesiynol.

Rai blynyddoedd yn ddiweddarach, a hithau bellach yn gryf a chyflym, cafodd rasio yn y Giro d'Italia, un o'r rasys seiclo anoddaf yn y byd. Doedd yr un ferch arall wedi rhoi cynnig ar y ras honno erioed o'r blaen. "Does ganddi hi ddim gobaith mul," meddai rhai. Ond fedrai neb rwystro Alfonsina.

Roedd y ras yn un hir a llafurus, gyda 21 diwrnod o rasio parhaus ar elltydd mynyddig mwyaf serth Ewrop. O'r 90 o feicwyr a gychwynnodd y ras, dim ond 30 a groesodd y llinell derfyn. Roedd Alfonsina yn un ohonyn nhw. Cafodd ei chroesawu fel petai'n arwres.

Ond y flwyddyn ganlynol, cafodd ei gwahardd rhag cymryd rhan yn y ras honno. "Ras i ddynion ydy'r Giro d'Italia," mynnodd y swyddogion. Ond rwystrodd hynny mohoni, chwaith.

Cymerodd ran er gwaethaf y gwaharddiad, gan osod record cyflymder newydd. Hawliodd y record honno am 26 mlynedd, er ei bod yn reidio beic trwm 44 pwys, â dim ond un gêr!

Byddai Alfonsina yn falch o wybod bod pethau wedi newid tipyn ers hynny. Heddiw, mae rasys beicio merched yn hynod o boblogaidd, ac yn un o'r campau Olympaidd.

16 MAWRTH 1891 – 13 MEDI 1959

YR EIDAL

DARLUN GAN
CRISTINA PORTOLANO

"NI ALL NEB RWYSTRO
FY MEIC I."
– ALFONSINA STRADA

• ALICIA ALONSO •

DAWNSWRAIG FALE

Un tro, roedd yna ferch ddall a ddaeth yn ddawnswraig fale heb ei hail. Ei henw oedd Alicia.

Roedd Alicia yn gallu gweld yn iawn pan gafodd ei geni, ac roedd hi eisoes yn ddawnswraig fale wych pan gafodd ei tharo'n wael. Ond, dros gyfnod o amser, gwaethygodd ei golwg. Cafodd ei gorfodi i aros yn ei gwely am fisoedd heb symud, ond roedd Alicia yn awchu am gael dawnsio – felly dyna'n union a wnaeth hi, yn yr unig ffordd y gallai: "Dawnsiais yn fy nychymyg. Yn ddall, ddisymud, ac yn glewt ar fy nghefn, fe ddysgais fy hun i ddawnsio *Giselle*," meddai.

Un diwrnod, cafodd y brif ddawnswraig yng nghwmni'r New York City Ballet, yn America, ei hanafu. Cafodd Alicia wahoddiad i gamu i'w hesgidiau a pherfformio yn ei lle mewn cynhyrchiad arbennig. Roedd Alicia eisoes yn rhannol ddall ond doedd yna ddim peryg ei bod am wrthod y gwaith – ie, y cynhyrchiad oedd *Giselle*!

Cyn gynted ag y dechreuodd Alicia ddawnsio, roedd y gynulleidfa wedi'u cyfareddu. Dawnsiodd Alicia yn osgeiddig a hyderus, er mai prin yr oedd hi'n gallu gweld. Roedd hi wedi dysgu y dawnswyr eraill yn union lle i sefyll ar yr union adeg iawn.

Roedd ei harddull mor unigryw nes y gofynnwyd iddi hi a'r cwmni bale ddawnsio ledled y byd. Ond ei breuddwyd oedd dod â bale i Giwba, ei mamwlad.

Ar ôl teithio'r byd, dechreuodd Alicia ddysgu bale clasurol i ddawnswyr o Giwba. Sefydlodd Gwmni Bale Alicia Alonso a ddatblygodd yn ddiweddarach yn Ballet Nacional De Cuba.

GANWYD 21 RHAGFYR 1921

CIWBA

"DYLAI DAWNSWYR DDYSGU
GAN BOB CELFYDDYD."
– ALICIA ALONSO

· AMEENAH GURIB-FAKIM ·

Yng ngwlad Mawrisiws, ynys yng Nghefnfor India, roedd yna ferch oedd eisiau gwybod popeth a oedd i'w wybod am blanhigion. Ei henw oedd Ameenah ac roedd hi wrth ei bodd yn astudio holl anifeiliaid a phlanhigion brodorol yr ynys.

Dadansoddodd gannoedd o berlysiau a blodau persawrus a meddyginiaethol. Astudiodd eu priodweddau a theithiodd i bentrefi gwledig er mwyn dysgu gan iachawyr traddodiadol a gweld sut y bydden nhw'n defnyddio planhigion yn eu defodau.

Ystyriai Ameenah blanhigion yn ffrindiau iddi.

Ei hoff goeden oedd y baobab, oherwydd ei bod mor ddefnyddiol: mae'n cronni dŵr yn ei boncyff, gall ei dail iacháu heintiau ac mae ei ffrwyth, yr afal mwnci, yn cynnwys mwy o brotein na llefrith dynol.

Teimlai Ameenah y gellid dysgu llawer gan blanhigion, fel *benjoin*, er enghraifft. "Mae siâp a maint dail y *benjoin* yn amrywio'n fawr," eglurodd. "Dydy anifeiliaid ddim yn bwyta planhigion nad ydyn nhw'n eu hadnabod, felly maen nhw'n tueddu i adael llonydd i'r *benjoin*. O ganlyniad, mae'r planhigyn yn ffynnu; dyna glyfar, yntê?"

I Ameenah, roedd planhigion fel labordai byw, biolegol, yn llawn gwybodaeth hanfodol ar gyfer yr hil ddynol a phob rhywogaeth arall. "Bob tro mae coedwig yn cael ei thorri i'r llawr, rydyn ni'n colli labordy cyfan, na chawn ni fyth, byth mohono'n ôl," meddai.

Etholwyd Ameenah Gurib yn Arlywydd Mawrisiws, a hyd heddiw mae hi'n brwydro'n ddiflino dros hawliau pobl ei gwlad: dros y bobl, yr anifeiliaid ac, wrth gwrs, y planhigion.

"GALL Y PLANHIGYN
MWYAF DI-NOD GUDDIO
CYFRINACHAU MAWR."
– AMEENAH GURIB-FAKIM

AMELIA EARHART

PEILOT

Un tro, cynilodd merch o'r enw Amelia ddigon o arian i brynu awyren felen. Galwodd yr awyren yn *The Canary*.

Rai blynyddoedd yn ddiweddarach, hedfanodd ar draws Môr yr Iwerydd ar ei phen ei hun – y ferch gyntaf i wneud hynny. Roedd hi'n daith beryglus. Hyrddiwyd ei hawyren fach gan wyntoedd cryfion a stormydd rhewllyd. Goroesodd Amelia ar dun o sudd tomato a yfai drwy welltyn. Ar ôl bron i bymtheg awr, glaniodd yr awyren mewn cae yng Ngogledd Iwerddon – er mawr syndod i'r gwartheg a borai gerllaw. "Ydych chi wedi teithio ymhell?" gofynnodd y ffermwr. "Ydw – yr holl ffordd o America!" chwarddodd Amelia.

Roedd Amelia wrth ei bodd yn hedfan, a gwneud pethau nad oedd neb arall erioed wedi'u gwneud. Ei her fwyaf oedd hedfan yr holl ffordd o amgylch y byd – eto, hi oedd y ferch gyntaf i wneud hynny.

Gan fod y tanwydd yn cymryd cymaint o le yn yr awyren, doedd dim lle i lawer o ddim arall, ond am fag bach o'i heiddo. Dechreuodd y daith yn ddidrafferth. Y bwriad oedd glanio ar Ynys Howland, ynys fechan yng nghanol y Môr Tawel, ond chyrhaeddodd hi ddim. Yn ei neges olaf, dywedodd Amelia ei bod hi'n hedfan trwy'r cymylau a'i bod yn brin o danwydd. Diflannodd ei hawyren rywle uwch ben y môr, ac ni ddaethpwyd erioed o hyd iddi.

Cyn gadael ar y daith honno, ysgrifennodd, "Dw i'n ymwybodol iawn o'r peryglon. Dw i eisiau gwneud hyn am fy mod eisiau ei wneud o. Rhaid i ferched geisio gwneud yr un pethau ag y mae dynion wedi ceisio'u gwneud. Os ydyn nhw'n methu, rhaid i'w methiant fod yn her i ferched eraill."

24 GORFFENNAF 1897 – TUA GORFFENNAF 1937
UNOL DALEITHIAU'R AMERICA

DARLUN GAN
GIULIA FLAMINI

"MAE POB ANTUR YN
WERTH CHWEIL."
– AMELIA EARHART

AMNA AL HADDAD

CODWRAIG PWYSAU

Un tro, roedd yna newyddiadurwraig o'r enw Amna. Doedd Amna ddim yn hapus. Roedd hi'n or-drwm ac yn anystwyth. Un diwrnod, dywedodd wrthi'i hun, "Rwyt ti'n well na hyn. Gwna rywbeth – unrhyw beth. Cer am dro."

A dyna'n union y gwnaeth hi.

Roedd hi'n mwynhau mynd am dro i'r fath raddau nes ei bod eisiau gwneud mwy. Rhedodd am bellteroedd hir. Cyflymodd ei cham. Dechreuodd wthio'i chorff i'r eithaf yn y gampfa, a phan ddechreuodd godi pwysau, gwyddai'n syth mai dyma'r gweithgaredd iddi hi.

Trawsnewidiwyd ei bywyd pan benderfynodd y Ffederasiwn Rhyngwladol Codi Pwysau ganiatáu i ferched Mwslemaidd wisgo *unitard* wrth gystadlu (gwisg sy'n gorchuddio'r rhan fwyaf o'r corff). Dechreuodd gystadlu yn Ewrop ac America ac o fewn dim, roedd yn eicon i ferched Mwslemaidd ledled y byd.

"Dw i'n hoffi bod yn gryf," meddai Amna. "Dydy bod yn ferch ddim yn golygu na fedrwch chi fod mor gryf â bechgyn, neu'n gryfach, hyd yn oed!"

Roedd hi'n gwirioni cymaint ar godi pwysau nes iddi ddechrau hyfforddi ar gyfer y Gemau Olympaidd yn Rio.

Mae hi'n credu y dylai pawb ddarganfod gweithgaredd y maen nhw'n ei fwynhau, ac yna ymarfer ac ymarfer. "Mae chwaraeon yn llesol i bawb, waeth beth yw eich oedran, eich crefydd neu'ch ethnigrwydd," meddai. "Mae'n heddychlon ac yn uno cenhedloedd."

"Paid â throi dy gefn ar dy freuddwyd, waeth beth ydy'r sialensau sy'n dy wynebu," meddai. "Dim ond wrth ddyfalbarhau y gwnei di agosáu at dy nod. Pan mae pethau'n mynd yn anodd, bydd dithau'n fwy gwydn."

GANWYD 21 HYDREF 1989
YR EMIRAETHAU ARABAIDD UNEDIG

DARLUN GAN
ELINE VAN DAM

"ALL NEB DDWEUD WRTHA
I BETH I'W WNEUD NA
BETH I BEIDIO Â'I WNEUD."
– AMNA AL HADDAD

· ANN MAKOSINSKI ·

DYFEISYDD

Un tro, roedd yna ferch oedd yn gorfod rhoi'r gorau i'w gwaith astudio pan fyddai'n tywyllu oherwydd nad oedd trydan yn ei chartref. Pan ddaeth ei ffrind, Ann, i'r tŷ un diwrnod, soniodd wrthi am y broblem.

Roedd Ann yn wych am adeiladu pethau ac roedd ganddi ddiddordeb ysol mewn transistorau, sef dyfeisiau sy'n rheoleiddio llif trydan.

"Beth petawn i'n dyfeisio fflachlamp sy'n cael ei phweru gan dy gorff di?" gofynnodd Ann i'w ffrind. "Wedi'r cyfan, mae ein cyrff ni'n cynhyrchu llawer o wres, ac mae gwres yn fath o egni."

Roedd y merched wedi cyffroi'n arw.

"Meddylia faint o bobl allai ddefnyddio trydan petai hyn yn gweithio!" meddent.

Er mai dim ond pymtheg oed oedd Ann ar y pryd, roedd hi wedi hen arfer datgymalu pethau a'u rhoi yn ôl at ei gilydd.

Felly, aeth ati i gynllunio'r fflachlamp newydd, anhygoel hon. Galwodd y ddyfais yn 'Fflachlamp Wag', am ei bod wedi'i chreu gan ddefnyddio tiwb alwminiwm, gwag.

Pan gyflwynodd Ann y fflachlamp i Ffair Wyddoniaeth Google, cipiodd y wobr gyntaf! Dyma'r fflachlamp gyntaf erioed nad yw'n ddibynnol ar fatris, y gwynt na'r haul: y cyfan sydd ei angen i'w phweru yw gwres y corff.

Heddiw, ystyrir Ann ymhlith dyfeiswyr mwyaf addawol ein cyfnod ni. Ei breuddwyd yw sicrhau fod y Fflachlamp Wag ar gael yn rhad ac am ddim i bawb sy'n methu fforddio trydan, ledled y byd.

"Dw i'n hoffi'r syniad o ddefnyddio technoleg i wneud y byd yn lle gwell, a chadw ein hamgylchfyd yn lân," meddai.

GANWYD 3 HYDREF 1997

CANADA

DARLUN GAN
CLAUDIA CARIERI

"OS WYT TI'N FYW, RWYT
TI'N CYNHYRCHU GOLEUNI."
– ANN MAKOSINSKI

· ANNA POLITKOVSKAYA ·

NEWYDDIADURWRAIG

Un tro, yn Rwsia, roedd nifer o lyfrau wedi cael eu gwahardd. Yn eu plith roedd rhai o hoff lyfrau merch fach o'r enw Anna. Roedd ei rhieni'n arfer sleifio rhai o'r llyfrau yma i'r tŷ, ac roedd Anna ar ben ei digon.

Ar ôl i Anna dyfu'n hŷn, aeth yn newyddiadurwraig.

Pan benderfynodd trigolion ardal o'r enw Chechnya dorri'n rhydd oddi wrth Rwsia a dod yn genedl annibynnol, anfonodd llywodraeth Rwsia filwyr yno i geisio'u hatal. Aeth hi'n rhyfel ffyrnig. Roedd Anna eisiau ysgrifennu a dweud wrth y byd beth oedd yn digwydd yn Chechnya go iawn. Roedd llywodraeth Rwsia yn gandryll am y peth.

Un tro, holodd ei gŵr, "Pam wyt ti'n peryglu dy fywyd fel hyn?" Atebodd Anna drwy ddweud, "Mae perygl yn rhan o'm proffesiwn. Mi wn i'n iawn y gall rhywbeth ddigwydd i mi. Ond ar yr un pryd, dw i eisiau i'r erthyglau dw i'n eu hysgrifennu wneud y byd yn lle gwell."

Digwyddodd sawl peth ofnadwy iddi ond roedd Anna yn ddewr drwy'r cyfan.

Un tro, bu'n rhaid iddi redeg dros fryniau Chechnya drwy'r nos er mwyn dianc rhag Gwasanaethau Diogelwch Rwsia. Roedd pobl ar y ddwy ochr yn awyddus i'w rhwystro rhag ysgrifennu. Un tro, aeth rhywun mor bell â rhoi gwenwyn yn ei phaned er mwyn cael gwared ohoni. Ond er gwaethaf y peryglon, parhau i ddweud y gwir am yr hyn a welai a wnaeth Anna.

Er iddi beryglu ei bywyd ei hun sawl tro, mynnodd ddatgelu'r gwir yn ei herthyglau, a hynny er mwyn gwneud y byd yn lle gwell.

30 AWST 1958 – 7 HYDREF 2006

RWSIA

DARLUN GAN
LEA HEINRICH

"YR WYBODAETH EI HUN
SY'N CYFRI, NID DY
FARN DI AMDANI."
ANNA POLITKOVSKAYA.

ARTEMISIA GENTILESCHI

ARTIST

Un tro, roedd yna ferch oedd yn artist gwych. Ei henw oedd Artemisia ac roedd hi'n gryf a phrydferth.

Roedd ei thad, Orazio, yn artist hefyd ac ers i Artemisia fod yn ddim o beth, byddai'n dangos iddi sut i beintio yn ei weithdy.

Erbyn iddi droi'n ddwy ar bymtheg oed, roedd Artemisia eisoes wedi peintio sawl campwaith. Er hynny, roedd pobl yn amheus ohoni. "Sut mae hyn yn bosib?" meddent.

Ar y pryd, doedd y rhan fwyaf o ferched ddim yn cael bod o fewn tafliad carreg, hyd yn oed, at weithdai artistiaid enwog.

Un dydd, gofynnodd ei thad i'w ffrind, yr artist enwog Agostino Tassi, i ddysgu hanfodion persbectif i Artemisia, sef sut i gyfleu gofod tri dimensiwn ar wyneb gwastad.

Roedd Agostino'n awyddus i Artemisia – ei fyfyriwr mwyaf disglair – fod yn gariad iddo. "Prioda fi," meddai wrthi, dro ar ôl tro. Ond ei wrthod a wnâi Artemisia o hyd.

Aeth pethau o ddrwg i waeth nes i Artemisia gyfaddef wrth ei thad fod Agostino yn bod yn boen. Credodd Orazio ei ferch, ac er bod Agostino yn ddyn pwerus ac yn elyn peryglus, aeth Orazio ag o i lys barn.

Yn ystod yr achos, gwadodd Agostino ei fod wedi gwneud unrhyw beth o'i le. Roedd Artemisia o dan bwysau enfawr ond fe lynnodd at y gwir a gwrthod rhoi'r ffidil yn y to. Yn y pen draw, cafwyd Agostino yn euog. Hyd heddiw, caiff Artemisia ei hystyried yn un o'r artisiaid gorau a fu erioed.

8 GORFFENNAF 1593 – 14 MEHEFIN 1653

YR EIDAL

• 20 •

"CYHYD AG Y BYDDA I BYW,
BYDD GEN I REOLAETH DROS
FY MYWYD FY HUN."
– ARTEMISIA GENTILESCHI

· ASHLEY FIOLEK ·

RASWRAIG MOTO-CROS

Roedd merch fach o'r enw Ashley yn chwarae yn y gegin un diwrnod, pan ddisgynnodd sosbenni oddi ar y bwrdd gan wneud sŵn a dwndwr mawr. Wnaeth Ashley ddim ymateb. Penderfynodd ei rhieni brofi ei chlyw. Dangosodd y canlyniadau fod Ashley yn fyddar.

Dysgodd y teulu iaith arwyddion ac anfonwyd Ashley i wersyll gyda phlant byddar eraill er mwyn iddi ddysgu oddi wrthyn nhw a datblygu ei hunanhyder.

Roedd tad a thad-cu Ashley wrth eu boddau â beiciau modur, felly pan oedd hi'n dair oed, cafodd feic modur pitw bach ganddyn nhw'n anrheg. Byddai'r tri ohonyn nhw'n anelu am y goedwig, pob un ar ei feic ei hun. Byddai Ashley wrth ei bodd gyda'r anturiaethau hynny a dechreuodd freuddwydio am gael bod yn raswraig moto-cros.

Dywedodd y rhan fwyaf o bobl wrthi y byddai'n amhosib iddi wneud y fath beth. "Mae medru clywed yn hollbwysig yn y gamp," medden nhw. "Sŵn yr injan sy'n dweud wrthot ti pryd i newid gêr ac mae'n rhaid i ti allu clywed ble mae'r raswyr eraill."

Ond roedd y modd y dirgrynai'r injan yn dweud wrth Ashley pryd i newid gêr, a gallai weld cysgodion yng nghornel ei llygad pan fyddai'r reidwyr eraill gerllaw.

Ymhen pum mlynedd, roedd Ashley wedi cipio pedair gwobr ryngwladol. Cafodd sawl codwm! Torrodd ei braich, ei garddwn, ei ffêr, pont ei hysgwydd (deirgwaith) a'i dau ddant blaen, ond roedd hi wastad yn dod ati'i hun ac yn dringo 'nôl ar ei beic cyn gynted ag y medrai.

Mae gan Ashley dryc wedi'i barcio o flaen ei thŷ. Ar y cefn, mae sticer yn dweud, "Canwch eich cyrn hynny fynnwch chi – dw i'n fyddar!"

GANWYD 22 HYDREF 1990
UNOL DALEITHIAU'R AMERICA

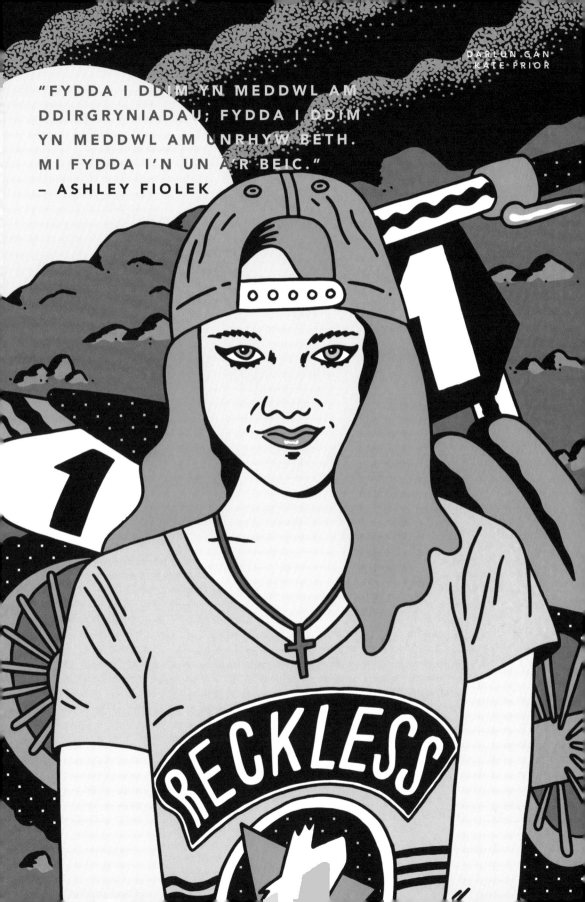

· ASTRID LINDGREN ·

AWDUR

Un tro, roedd yna ferch oedd yn byw ar ff'erm gyda'i theulu mawr. Treuliai ddyddiau hirfelyn tesog yn crwydro'r caeau gyda'i brodyr a'i chwiorydd gan helpu i ofalu am yr anifeiliaid – nid yn unig y rhai bach fel yr ieir a'r hwyaid, ond yr anifeiliaid mawr hefyd – y gwartheg a'r ceffylau.

Ei henw oedd Astrid ac roedd hi'n dipyn o rebel.

Roedd hi'n gryf ac yn ddewr, doedd hi byth yn ofni bod ar ei phen ei hun, ac roedd hi'n medru gwneud pob math o bethau: glanhau, coginio, trwsio beics, cerdded ar doeau tai, dal ei thir yn erbyn bwlis, creu straeon anhygoel … Ydy hyn yn canu cloch? Wel, os wyt ti erioed wedi darllen am ferch fach arall sy'n gryf, yn ddewr a di-ofn – o'r enw Pipi Hosan Hir – yna fyddi di ddim yn synnu o wybod mai Astrid a greodd y cymeriad.

Pan gyhoeddwyd y llyfr cyntaf, *Pippi Långstrump*, roedd nifer o oedolion yn gwrthwynebu'n chwyrn. "Mae hon yn ormod o rebel," cwynai'r bobl. "Bydd ein plant ni'n credu bod anufudd-dod yn dderbyniol!" Ar y llaw arall, roedd plant yn gwirioni'n lân gyda'r straeon. Wedi'r cwbl, roedd gan Pipi Hosan Hir wastad reswm da dros ddweud 'na', a dangosai i ddarllenwyr ifainc pa mor bwysig ydy bod yn annibynnol, gan fod yn ofalgar o eraill yr un pryd.

Heddiw, mae *Pippi Långstrump* yn un o'r llyfrau plant mwyaf poblogaidd erioed. Aeth Astrid yn ei blaen i ysgrifennu a chyhoeddi rhagor o lyfrau, pob un yn cynnwys plant hyderus sy'n llywio eu hanturiaethau eu hunain.

Felly, pryd bynnag y cei di bryd o dafod am wneud rhywbeth, cer i chwilio am straeon Pipi Hosan Hir. Fe fydd hi'n siŵr o dy ysbrydoli!

---

14 TACHWEDD 1907 – 28 IONAWR 2002

SWEDEN

"DOES DIM MODD BOD YN
FWRIADOL DDIREIDUS.
MAE'N DIGWYDD, A DYNA NI."
– ASTRID LINDGREN

· AUNG SAN SUU KYI ·

GWLEIDYDD

Un tro, roedd yna ddynes ifanc o'r enw Suu Kyi. Hanai o deulu cyfoethog o Byrma a oedd wedi teithio'r byd.

Roedd Suu Kyi, ei gŵr, a'u dau o blant yn byw yn Lloegr, pan ddaeth galwad ffôn.

"Mae fy Mam wedi'i chymryd yn wael," meddai wrth ei phlant. "Rhaid i mi fynd yn ôl adref i ofalu amdani."

Dim ond am ychydig wythnosau yr oedd hi wedi bwriadu aros yno, ond fe'i cafodd ei hun yng nghanol protestiadau yn erbyn yr unben milwriaethol oedd yn rheoli Byrma ar y pryd. Roedd hwnnw'n mynnu carcharu unrhyw un a oedd yn codi llais yn ei erbyn.

Dyna'n union a wnaeth Suu Kyi, a chafodd gefnogaeth frwd gan y bobl. Sylweddolodd yr unben fod y ferch ifanc yma yn fygythiad difrifol iddo. Rhoddodd ddewis iddi: "Rwyt ti'n rhydd i adael y wlad a pheidio byth â dychwelyd. Neu fe gei aros, yn garcharor yn dy wlad dy hun."

Meddyliodd Suu Kyi am y dewis oedd yn ei hwynebu. Roedd hi bron â thorri'i bol eisiau dychwelyd at ei gŵr a'i phlant yn Lloegr ond fe wyddai hefyd fod pobl Byrma ei hangen hi. "Fe arhosa i fan hyn," meddai wrtho.

Treuliodd Suu Kyi y rhan fwyaf o'r un mlynedd ar hugain nesaf dan glo yn ei chartref ei hun. Byddai'n cyfarfod â phobl yno, gan rannu'r hyn a gredai gyda nhw, a lledaenu'i ffydd mewn democratiaeth a heddwch. Enillodd Wobr Heddwch Nobel ac ysbrydolodd filiynau o bobl yn ei gwlad ei hun – a ledled y byd – a'r cyfan heb adael ei thŷ.

Pan gafodd ei rhyddhau yn y pen draw, cafodd ei hethol yn arweinydd y wlad.

GANWYD 19 MEHEFIN 1945

BYRMA

DARLUN GAN
LIZZY STEWART

"GAN EIN BOD NI'N
BYW YN Y BYD HWN,
RHAID I NI WNEUD EIN
GORAU DROSTO."
– AUNG SAN SUU KYI

• BALKISSA CHAIBOU •

YMGYRCHYDD

Un tro roedd yna ferch oedd eisiau bod yn feddyg. Roedd hi'n ddisgybl disglair iawn. Ei henw oedd Balkissa. Un diwrnod, cafodd wybod bod ei hewyrth wedi trefnu iddi briodi un o'i chefndryd.

Fedrai Balkissa ddim credu ei chlustiau. "Fedrwch chi ddim fy ngorfodi i briodi neb!" meddai. "A ph'run bynnag, dw i eisiau bod yn feddyg."

Yn y wlad lle roedd Balkissa yn byw, mae'n arferol i rieni drefnu priodas i'w merched tra maen nhw'n dal yn blant.

"Gadewch imi aros yn yr ysgol am bum mlynedd arall," plediodd Balkissa. Cytunodd ei rhieni i ohirio'r briodas ond ar ôl pum mlynedd, roedd yr ysfa i ddysgu mwy wedi cydio yn Balkissa o ddifrif. Ar noswyl y briodas, dihangodd o'i chartref a rhedeg i'r orsaf heddlu agosaf i ofyn am gymorth. Penderfynodd wynebu ei hewyrth mewn llys barn.

Roedd Balkissa'n poeni ei henaid y byddai ei theulu cyfan yn troi yn ei herbyn ond yn ffodus, roedd ei mam yn ei chefnogi yn dawel bach. Fe'i hanogodd i barhau i frwydro. Cytunodd y barnwr gyda Balkissa, a phan gafodd ei bygwth gan ei hewyrth, mynnodd y llys ei fod yn gadael y wlad. "Y diwrnod yr enillais yr achos a gwisgo fy nillad ysgol unwaith eto, roeddwn i'n teimlo fel petawn i wedi cael fy aileni," meddai hi.

Heddiw, mae Balkissa yn fyfyrwraig prifysgol, yn astudio'n galed i fod yn feddyg. Mae hi hefyd yn ymgyrchu er mwyn sicrhau fod merched ifainc eraill yn dilyn ôl ei throed gan wrthod priodasau gorfodol. Mae'n mynychu ysgolion ac yn trafod y mater gyda phenaethiaid llwythi.

"Astudia gyda'th holl egni," meddai. "Dydy hi ddim yn hawdd, ond dyna dy unig obaith."

GANWYD 1995

NIGER

DARLUN GAN
PRIYA KURIYAN

"FE DDANGOSA I IDDYN NHW BETH
FEDRA I EI WNEUD GYDA FY MYWYD."
– BALKISSA CHAIBOU

BRENDA CHAPMAN

CYFARWYDDWRAIG

Un tro, roedd yna ferch â mop o wallt coch, cyrliog a oedd wrth ei bodd yn tynnu lluniau. Ei henw oedd Brenda.

Pan oedd hi'n bymtheg oed, ffoniodd Brenda stiwdios Walt Disney. "Dw i'n dda iawn am dynnu lluniau," meddai. "Wnewch chi roi gwaith i mi?" Dywedon nhw wrthi hi am ffonio eto pan oedd hi'n hŷn ac ar ôl iddi gael ychydig o hyfforddiant.

A dyna'n union wnaeth hi. Dilynodd gwrs animeiddio cymeriadau mewn prifysgol yng Nghalifffornia, America, a rhai blynyddoedd yn ddiweddarach, gwireddwyd ei breuddwyd: cafodd Brenda weithio ar ffilmiau wedi'u hanimeiddio i Disney yn Los Angeles. Sylweddolodd fod animeiddwyr benywaidd yn bethau prin iawn yno.

"Dyna pryd y sylweddolais pam fod y tywysogesau yn ffilmiau Disney wastad mor ddiymadferth – am mai dynion oedd yn eu creu nhw," meddai. Gwnaeth addewid iddi hi'i hun y byddai'n creu math newydd o dywysoges: un gref, annibynnol a dewr. A dyma greu'r Dywysoges Merida.

Dydy cymeriad y Dywysoges Merida yn y ffilm *Brave* ddim yn ddiymadferth o gwbl. Gall drin y bwa a'r saeth yn gampus, mae'n marchogaeth yn hyderus ac yn cael anturiaethau anhygoel, gan amddiffyn ei hun rhag eirth gwyllt. Yr ysbrydoliaeth ar gyfer y cymeriad oedd merch Brenda ei hun, Emma – geneth gref, annibynnol, llawn asbri; yn union fel ei mam! "Hi ydy fy Merida fach i ... a dw i'n ei charu o waelod fy nghalon."

Cipiodd Brenda ddwy wobr am ei gwaith ar y ffilm – Oscar a Golden Globe.

Mae hefyd wedi gweithio ar amryw o ffilmiau llwyddiannus eraill, fel *Beauty and Beast*, *The Little Mermaid* a *The Lion King*. Brenda oedd y ferch gyntaf i gyfarwyddo ffilm nodwedd wedi'i hanimeiddio ar gyfer un o stiwdios mawr Hollywood – sef y ffilm *Prince of Egypt*.

GANWYD 1 TACHWEDD 1962
UNOL DALEITHIAU'R AMERICA

DARLUN GAN
T.S. ABE

"RYDW I'N TYNNU LLUNIAU
ERS FY MOD YN DDIM O
BETH – AC ROEDDWN EISIAU
GWNEUD GYRFA O HYNNY."
– BRENDA CHAPMAN

• Y CHWIORYDD BRONTË •

LLENORION

Mewn tŷ oer a llwm yn swydd Efrog, gogledd Lloegr, roedd tair chwaer yn byw – Charlotte, Emily ac Anne. Roedden nhw ar eu pennau eu hunain yn aml iawn ac er mwyn difyrru eu hunain, byddai'r merched yn ysgrifennu straeon a cherddi.

Un dydd, penderfynodd Charlotte anfon ei cherddi at fardd enwog i ofyn ei farn. Ei ymateb oedd, "Dw i ddim yn hoffi eich gwaith o gwbl: ddylai merched ddim ymhel â llenyddiaeth!"

Ond wnaeth Charlotte ddim rhoi'r gorau iddi.

Un noson, daeth o hyd i lyfr nodiadau ar ddesg Emily. "Pam na ddangosaist ti'r cerddi yma i ni o'r blaen?" holodd Charlotte. "Maen nhw'n hynod o brydferth." Roedd Emily'n gandryll bod ei chwaer wedi darllen ei nodiadau preifat heb ofyn caniatâd. Ond ar ôl iddi ymdawelu, cynigiodd Charlotte, "Pam na wnawn ni ysgrifennu cyfrol o farddoniaeth ar y cyd?" Cytunodd Emily ac Anne.

Pan gyhoeddwyd y llyfr maes o law, dim ond dau gopi a werthwyd. Ond doedden nhw ddim am roi'r gorau iddi ar chwarae bach a pharhaodd y tair i weithio'n ddirgel, gan drafod eu gwaith wrth y bwrdd bwyd.

Y tro hwn, gweithiodd pob chwaer ar nofel yr un. Pan gyhoeddwyd y nofelau, roedden nhw'n llwyddiannus iawn. Ar y pryd, roedd pobl yn cael trafferth credu mai tair o ferched o gefn gwlad oedd wedi'u hysgrifennu nhw, felly roedd rhaid i'r tair deithio i Lundain i brofi mai nhw, yn wir, oedd awduron y straeon.

Mae eu llyfrau wedi cael eu cyfieithu i nifer o ieithoedd gwahanol a'u darllen gan filiynau o bobl ledled y byd.

TUA 1816 – TUA 1855

LLOEGR

"DW I DDIM YN ANGEL, A FYDDA
I DDIM TRA BYDDA I BYW: FI FY
HUN FYDDA I."
– CHARLOTTE BRONTË

· CATHERINE FAWR ·

YMERODRES

Un tro, roedd yna frenhines oedd yn casáu ei gŵr.

Ei henw oedd Catherine, a'i gŵr, Peter, oedd ymerawdwr Rwsia. Credai pobl Rwsia ei fod yn greulon a ffroenuchel.

Gwyddai Catherine y byddai hi'n arweinydd llawer gwell nag o. Y cwbl roedd angen iddi ei wneud oedd meddwl am ffordd i gamu i esgidiau ei gŵr.

Chwe mis ar ôl iddo gael ei wneud yn ymerawdwr, aeth Peter ar wyliau heb Catherine. Dyma'i chyfle! Gwnaeth araith danbaid er mwyn ceisio denu cefnogaeth y milwyr brenhinol, a bu tro ar fyd wrth i bobl ddechrau cefnogi Catherine yn hytrach na Peter. Cyhoeddodd yr offeiriad mai hi fyddai'n rheoli Rwsia o hyn allan. Archebodd goron ysblennydd ar gyfer ei swydd newydd.

Un o'r pethau cyntaf a wnaeth Catherine oedd trefnu bod ei gŵr yn cael ei arestio a'i daflu i'r carchar.

Cymerodd y goron odidog ddeufis i'w chreu! Gwnaethpwyd hi o aur ac arian pur, ac roedd arni 4,936 diamwnt a 75 perl, ynghyd â rhuddem enfawr ar ei brig.

Yn ystod ei theyrnasiad, ehangodd Catherine ffiniau ymerodraeth Rwsia, gan ennill sawl rhyfel a rhwystro gwrthryfel.

Roedd nifer o bobl yn genfigennus o'r ferch bwerus yma. Pan oedd hi'n dal yn fyw, fe fydden nhw'n sibrwd pethau cas amdani y tu ôl i'w chefn, a phan fu farw, dywedon nhw mai disgyn oddi ar y toiled oedd achos ei marwolaeth! Marw yn ei gwely wnaeth hi mewn gwirionedd. Cafodd ei chladdu mewn beddrod euraid, moethus yn un o gadeirlannau enwocaf a harddaf dinas St Petersberg.

2 MAI 1729 – 17 TACHWEDD 1796

RWSIA

DARLUN GAN
MARIJKE BUURLAGE

"DW I'N UN O'R BOBL
HYNNY SYDD WRTH FY
MODD YN GOFYN PAM."
– CATHERINE FAWR

• CLAUDIA RUGGERINI •

YMGYRCHYDD

Un tro, roedd yna ferch oedd yn cael ei galw'n Marisa, er nad dyna oedd ei henw iawn. Doedd hyd yn oed ei ffrindiau ddim yn gwybod mai Claudia oedd ei henw go iawn. Byddai defnyddio'r enw hwnnw yn ei rhoi mewn perygl.

Roedd Claudia'n byw mewn cyfnod pan oedd yr Eidal yn cael ei rheoli gan ddyn gorthrymus o'r enw Benito Mussolini. Yn ystod unbennaeth Mussolini, cafodd rhai llyfrau a ffilmiau eu gwahardd, a doedd yna neb yn cael mynegi barn, na phleidleisio chwaith.

Credai Claudia mewn rhyddid. Penderfynodd frwydro yn erbyn Mussolini gyda'i holl nerth, ac ymunodd â grŵp o wrthwynebwyr (*partigiani* yn Eidaleg) er mwyn ceisio disodli'r unben.

Myfyrwyr prifysgol oedd y rhan fwyaf o aelodau'r grŵp. Bydden nhw'n cyfarfod yn gyfrinachol ar ôl eu darlithoedd ac yn cyhoeddi eu papur newydd eu hunain. Ond roedd dosbarthu'r papur newydd yn broblem gan fod heddlu Mussolini ym mhobman.

Bu Claudia'n ddewr iawn. Am bron i ddwy flynedd, byddai'n beicio o un lleoliad cyfrinachol i'r llall yn dosbarthu papurau newydd a throsglwyddo negeseuon cudd. Un diwrnod, o'r diwedd, daeth teyrnasiad Mussolini i ben a dymchwelodd y gyfundrefn. Cyhoeddodd yr orsaf radio genedlaethol fod yr Eidal yn wlad rydd ac fe dyrrodd pobl i'r strydoedd i ddathlu.

Roedd gan Claudia – Marisa – un dasg olaf i'w chwblhau. Gyda grŵp bychan o wrthwynebwyr, aeth i swyddfeydd papur newydd cenedlaethol yr Eidal, *Il Corriere della Sera*, a llwyddo i'w ryddhau rhag sensoriaeth – a hynny ar ôl ugain mlynedd. O'r diwedd, roedd gan y wasg hawl i argraffu'r gwir – ac o'r diwedd, cafodd ffrindiau Claudia ddod i wybod ei henw go iawn.

CHWEFROR 1922 – 4 MEHEFIN 2016

YR EIDAL

DARLUN GAN
CRISTINA PORTOLANO

"MAE'R YSFA I FRWYDRO DROS
RYDDID YN GRYFACH NAG OFN."
– CLAUDIA RUGGERINI

• CLEOPATRA •

PHARO

Un tro, yn yr Hen Aifft, bu farw'r Pharo, sef rheolwr y wlad, a gadael ei deyrnas i'w blant – ei fab deg oed Ptolemy XIII, a'i ferch ddeunaw oed Cleopatra.

Roedd gan y ddau syniadau mor wahanol ynglŷn â sut i lywodraethu'r wlad fel y bu i Cleopatra gael ei thaflu allan o'r palas a bu rhyfel cartref.

Teithiodd Julius Caesar, Ymerawdwr Rhufain, i'r Aifft er mwyn ceisio perswadio Cleopatra a Ptolemy i gyfaddawdu. "Petai modd i mi gyfarfod Caesar cyn iddo weld fy mrawd," meddyliodd Cleopatra, "gallwn ei argyhoeddi mai fi yw'r pharo gorau." Ond, wrth gwrs, roedd hi wedi cael ei halltudio o'r palas; byddai'r milwyr yn siŵr o'i hatal wrth y trothwy.

Gofynnodd Cleopatra i'w gweision ei lapio hi mewn carped a'i smyglo hi i ystafelloedd Caesar. Roedd Caesar yn edmygu dewrder Cleopatra ac felly gwnaeth yn siŵr ei bod yn cael ei hailorseddu. Daeth y ddau yn gariadon a chawson nhw fab. Symudodd Cleopatra i Rufain ond yna lladdwyd Caesar, felly dychwelodd i'r Aifft.

Roedd yr arweinydd Rhufeinig newydd, Marc Antony, wedi clywed llawer o sôn am y frenhines gref hon o'r Aifft, ac roedd ar dân i'w chyfarfod. Y tro hwn, cyrhaeddodd Cleopatra ar gwch camlas euraid, wedi'i hamgylchynu â gemau gwerthfawr a sidan.

Syrthiodd y ddau mewn cariad ar amrantiad.

Roedd Cleopatra a Marc Antony yn byw a bod yng nghwmni ei gilydd. Cawson nhw dri phlentyn ac roedd y naill yn caru'r llall hyd ddiwedd eu hoes.

Pan fu farw Cleopatra, daeth yr ymerodraeth i ben hefyd. Hi oedd y pharo olaf i lywodraethu dros yr Hen Aifft.

69 C.C. – 12 AWST 30 C.C.

YR AIFFT

DARLUN GAN
KIKI LJUNG

"CHAF I MO
'NHRECHU."
– CLEOPATRA

· COCO CHANEL ·

CYNLLUNYDD DILLAD

Un tro, yng nghanolbarth Ffrainc, roedd merch yn byw mewn lleiandy, yng nghwmni'r lleianod yn eu gwisgoedd du a gwyn. Ei henw oedd Gabrielle Chanel.

Yn y lleiandy, dysgwyd y merched i wnïo ond roedd brethyn lliwgar yn beth prin. Roedd rhaid iddyn nhw'n defnyddio'r un brethyn â'r lleianod, felly roedd eu holl ddoliau'n gwisgo du a gwyn hefyd!

Ar ôl iddi dyfu'n hŷn, gweithiai Gabrielle fel gwniadwraig yn y dydd ac fel cantores gyda'r nos. Roedd y milwyr a fynychai'r bar lle roedd yn canu yn ei galw'n Coco – a chadwodd y llysenw hwnnw am weddill ei hoes.

Breuddwyd Coco oedd agor ei siop ei hun ym Mharis. Un diwrnod, cafodd fenthyg arian gan ffrind iddi – digon i wireddu'r freuddwyd.

Er bod y brethyn a ddefnyddiai Coco yn ddigon plaen, roedd y dillad yn anhygoel. "Ble brynaist ti hwnna?" gofynnai merched ffasiynol Paris iddi. "Fi wnaeth o," fyddai ateb Coco. "Tyrd i'r siop ac fe wna i un i ti, hefyd."

Aeth y busnes o nerth i nerth ac yn fuan iawn, roedd Coco'n gallu talu'r benthyciad yn ôl i'w ffrind.

Ei chynllun mwyaf llwyddiannus oedd ei ffrog ddu eiconig. Cyn hynny, lliw ar gyfer angladdau yn unig oedd du, ond llwyddodd Coco i drawsnewid y lliw gyda'r ffrog ddu yma, gan greu'r dilledyn perffaith ar gyfer achlysur arbennig neu ddathliad.

Mae siâp nifer o'r dillad yr ydyn ni'n eu gwisgo heddiw yn drwm dan ddylanwad gwaith Coco Chanel, y cynllunydd dillad a ddechreuodd ei gyrfa yn gwneud dillad i ddoliau gyda hen garpiau'r lleiandy.

19 AWST 1883 – 10 IONAWR 1971

FFRAINC

"MAE RHAI POBL
YN MEDDWL MAI
GWRTHWYNEB
MOETHUSRWYDD
YDY TLODI. DYDY
HYNNY DDIM YN WIR.
AFLEDNEISRWYDD
YDY GWRTHWYNEB
MOETHUSRWYDD."
— COCO CHANEL

· CORA CORALINA ·

BARDD A PHOBYDD

Un tro, mewn tŷ ar bont, roedd merch fach o'r enw Cora yn byw. Gwyddai Cora mai bardd oedd hi.

Doedd ei theulu hi ddim yn cytuno. Doedden nhw ddim eisiau iddi ddarllen llyfrau a doedden nhw ddim eisiau iddi fynd i'r ysgol uwchradd. Yn eu barn nhw, gwaith Cora oedd dod o hyd i ŵr da a magu teulu.

Pan dyfodd Cora'n hŷn, syrthiodd mewn cariad gyda dyn, a phriododd y ddau. Symudon nhw i'r ddinas fawr a chael pedwar o blant. Roedd yn rhaid i Cora wneud pob math o swyddi er mwyn sicrhau y gallai ei phlant fynychu'r ysgol.

Roedd gan Cora fywyd prysur iawn ond anghofiodd hi erioed mai bardd oedd hi. Byddai'n ysgrifennu bob dydd.

Pan oedd hi'n drigain oed, symudodd yn ôl i fyw i'r tŷ ar y bont. Penderfynodd ei bod hi'n hen bryd iddi ddechrau ar ei gyrfa fel bardd. Fel erioed, roedd angen arian arni, felly dechreuodd bobi cacennau a'u gwerthu nhw, yn ogystal â'i cherddi, o'i chartref.

Daeth beirdd ac awduron i wybod am farddoniaeth Cora, a gwerthfawrogi ei gwaith. Enillodd wobrau a medalau, a phan oedd hi'n saith deg pum mlwydd oed, cyhoeddodd ei llyfr cyntaf erioed.

Daeth newyddiadurwyr o bell ac agos i'w chyfweld wrth iddi bobi. Yr eiliad y bydden nhw'n gadael y tŷ, byddai Cora'n dychwelyd at ei desg ac yn ailafael yn yr ysgrifennu, yng nghanol arogl hyfryd pasteiod, bisgedi a chacennau.

20 AWST 1889 – 10 EBRILL 1985

BRASIL

DARLUN GAN
ELENIA BERETTA

"FI YDY'R FERCH HONNO A
DDRINGODD FYNYDDOEDD
BYWYD, GAN DDISODLI'R
CERRIG A PHLANNU'R BLODAU."
– CORA CORALINA

• COY MATHIS •

DISGYBL YSGOL

Un tro, ganwyd bachgen o'r enw Coy. Roedd Coy yn dotio at ffrogiau, esgidiau sgleiniog a'r lliw pinc.

Doedd Coy ddim yn hoffi dillad bechgyn ac roedd o'n mynnu bod ei rieni yn ei alw yn 'hi'. Câi wisgo unrhyw beth a fynnai gan ei rieni.

Un noson, gofynnodd Coy i'w fam, "Pryd ydan ni'n mynd at y meddyg iddyn nhw gael fy nhroi yn ferch?"

Esboniodd y meddyg: "Fel rheol, mae bechgyn yn hoffi bod yn fechgyn, a merched yn hoffi bod yn ferched. Ond mae rhai bechgyn yn teimlo fel petaen nhw'n ferched ac mae rhai merched yn teimlo fel petaen nhw'n fechgyn. Trawsrywiol ydy'r gair am hyn ac mae Coy yn ferch drawsrywiol. Cafodd ei geni mewn corff bachgen ond, yn ei henaid, mae hi'n teimlo mai merch ydy hi, ac felly, dylai gael caniatâd i fod yn ferch."

O hynny allan, gofynnodd mam a thad Coy i bawb drin Coy fel merch. Ond pan ddechreuodd Coy fynd i'r ysgol, roedd problem. "Mae'n rhaid i Coy ddefnyddio tai bach y bechgyn neu'r tai bach ar gyfer plant anabl," mynnodd yr athrawon.

"Ond nid bachgen ydw i!" meddai Coy. "A dw i ddim yn anabl, chwaith! Merch ydw i."

Aeth rhieni Coy i drafod y mater gyda barnwr.

Bu'r barnwr yn pwyso a mesur y sefyllfa, a phenderfynodd: "Dylai Coy gael caniatâd i ddefnyddio pa bynnag dŷ bach yr hoffai."

Dathlodd Coy a'i rhieni drwy gynnal parti enfawr. Bwytaon nhw gacen binc, a gwisgodd Coy ffrog binc ddisglair ac esgidiau sgleiniog hardd.

GANWYD 2007
UNOL DALEITHIAU'R AMERICA

DARLUN GAN
MARTA LORENZON

"DW I EISIAU MYND I'R YSGOL.
RYDAN NI'N CAEL CHWARAE
GEMAU YN YSTOD YR EGWYL."
– COY MATHIS

· DRINGWYR CHOLITA ·

MYNYDDWRAGEDD

Un tro, wrth droed mynydd prydferth yn Bolifia, roedd dynes o'r enw Lydia Huayllas yn byw.

Byddai Lydia a'i ffrindiau'n paratoi bwyd i'r mynyddwyr brwd cyn iddyn nhw godi pac o'r gwersylloedd ar droed y mynydd a chychwyn dringo. Arferai eu gwylio yn gwisgo'u helmedau, cau strapiau eu bagiau cefn, tynhau careiau eu hesgidiau cerdded a llenwi eu poteli â dŵr. Gwelodd y cyffro yn eu llygaid.

Doedd gan Lydia na'r merched eraill ddim syniad sut le oedd copa'r mynydd. Roedd eu gwŷr a'u meibion yn gwybod yn iawn; eu gwaith nhw oedd tywys pobl ar y mynydd, gan hebrwng grwpiau o ddringwyr yn ddiogel i'r brig ac yna yn ôl i'r gwaelod, tra byddai'r merched yn aros yn y gwersyll yn y cwm.

Un diwrnod, dywedodd Lydia, "Beth am i ni fynd yno, a gweld droson ni ein hunain?"

Wrth i'r merched wisgo'u hesgidiau cerdded a'u heyrn dringo o dan eu sgertiau lliwgar (*cholitas*), chwarddodd y dynion. "Fedrwch chi ddim dringo'r mynydd yn gwisgo *cholitas*, siŵr," medden nhw. "Mae'n rhaid i chi wisgo dillad dringo pwrpasol."

"Twt lol," meddai Lydia gan wisgo'i helmed. "Fe wisgwn ni fel fynnon ni. Ni ydy'r dringwyr *cholita*!"

Drwy stormydd eira a gwyntoedd cryfion, dringodd y merched o gopa i gopa. "Rydan ni'n gryf. Rydan ni eisiau dringo wyth mynydd," medden nhw.

Wrth i ti ddarllen hwn, mae'r merched yn siŵr o fod yn crwydro trwy'r eira, y gwynt yn chwyrlïo'u sgertiau amryliw, a'u llygaid yn llawn cyffro wrth weld y byd o'r copâu.

GANWYD TUA 1968

BOLIFIA

"MAE BOD AR Y COPA YN ANHYGOEL.
MAE'N FYD GWAHANOL."
– LYDIA HUAYLLAS

• ELISABETH I •

BRENHINES

Un tro, roedd yna frenin o'r enw Harri'r Wythfed. Roedd yn awyddus i gael mab er mwyn iddo allu trosglwyddo'i deyrnas iddo.

Pan roddodd ei wraig enedigaeth i ferch, gwylltiodd y brenin yn gacwn. Gadawodd ei wraig, anfonodd y plentyn ymaith ac fe briododd ddynes arall. Yn ei farn o, dim ond dyn allai reoli'r wlad ar ôl ei farwolaeth, felly roedd o wedi dotio pan anwyd mab i'w wraig newydd, sef Edward.

Tyfodd merch Harri, Elisabeth, i fod yn ddynes ddisglair a pheniog. Roedd ei gwallt yn fflamgoch ac roedd ganddi dymer fel tymestl.

Dim ond naw oed oedd Edward pan fu farw ei dad, ac yn syth bìn, daeth yn frenin. Rai blynyddoedd yn ddiweddarach, cafodd yntau ei daro'n wael a bu farw. Ei chwaer, Mary, a ddaeth yn frenhines ar ei ôl. Tybiai Mary fod Elisabeth yn cynllwynio yn ei herbyn felly penderfynodd ei charcharu yn nhŵr Llundain.

Un dydd, brysiodd ceidwaid y tŵr i gell Elisabeth. "Mae'r Frenhines wedi marw," meddai'r dynion. Fe syrthion nhw ar eu gliniau o'i blaen oherwydd, ar amrantiad, nid carcharor oedd hi bellach ond brenhines newydd y wlad.

Roedd llys Elisabeth yn gartref i gerddorion, beirdd, arlunwyr ac awduron. Yr enwocaf ohonyn nhw i gyd oedd y dramodydd William Shakespeare; roedd Elisabeth yn edmygydd mawr o'i waith. Gwisgai Elisabeth ffrogiau godidog wedi'u harddurno â pherlau a les. Wnaeth hi erioed briodi: iddi hi, roedd ei hannibyniaeth cyn bwysiced ag annibyniaeth ei gwlad.

Roedd y bobl yn meddwl y byd ohoni, a phan y bu farw, daeth pobl o bob cwr i lenwi'r strydoedd er mwyn galaru am y frenhines orau a gawson nhw erioed.

7 MEDI 1533 – 24 MAWRTH 1603

LLOEGR

DARLUN GAN
ANA GALVAÑ

"DOES GAN GYDWYBOD
GLIR A DINIWED DDIM
BYD I'W OFNI."
– ELIZABETH I

· EUFROSINA CRUZ ·

YMGYRCHYDD A GWLEIDYDD

Un tro, roedd yna ferch oedd yn casáu gwneud *tortillas*, sef rhywbeth tebyg i grempog. Pan ddywedodd ei thad wrthi mai dim ond *tortillas* a phlant y mae merched yn medru eu cynhyrchu, dechreuodd Eufrosina feichio crio a thyngu y byddai'n ei brofi'n anghywir. "Mae croeso i ti adael y tŷ yma, ond paid â disgwyl cael 'run geiniog goch gen i," meddai ei thad wrthi.

Er mwyn talu am ei haddysg, dechreuodd Eufrosina werthu gwm cnoi a ffrwythau ar y strydoedd. Cafodd radd mewn Cyfrifeg a dychwelodd adref i weithio fel athrawes. Dechreuodd ddysgu merched ifanc, brodorol fel hi, er mwyn sicrhau eu bod yn dod o hyd i'r cryfder a'r dyfeisgarwch i reoli eu bywydau eu hunain.

Un dydd, penderfynodd ymgeisio i fod yn faeres ar ei thref. Cafodd nifer o bleidleisiau ond er gwaethaf hynny, diddymwyd yr etholiad gan ddynion y dref.

"Merch yn faer?" wfftiodd y dynion. "Am syniad hurt!" Cafodd Eufrosina ei chynddeiriogi a phenderfynodd roi trwyn ar y maen o ddifrif. Ffurfiodd QUIEGO, sefydliad a roddai gymorth i ferched brodorol frwydro dros eu hawliau. Lili wen oedd symbol QUIEGO. "Dw i'n cario'r blodyn yma drwy'r amser," meddai Eufrosina, "er mwyn atgoffa pobl fod merched brodorol yn debyg i lilis: yn naturiol, prydferth a gwydn."

Rai blynyddoedd yn ddiweddarach, etholwyd Eufrosina yn arlywydd cyngres y genedl – y ferch frodorol gyntaf erioed i ddal y swydd. Pan ddaeth gwraig Arlywydd Mecsico i ymweld ag Eufrosina, cerddodd y ddwy fraich ym mraich, yng ngŵydd y bobl leol. Profodd i'w thad – a'r byd – nad oes dim byd y tu hwnt i gyrraedd merched cryf, brodorol Mecsico.

GANWYD 1 IONAWR 1979

MECSICO

"PAN MAE MERCH YN PENDERFYNU NEWID, MAE POPETH O'I CHWMPAS YN NEWID HEFYD."
– EUFROSINA CRUZ

DARLUN GAN
PAOLA ROLLO

• EVITA PERÓN •

GWLEIDYDD

Un tro, roedd yna ferch brydferth o'r enw Eva yn byw yn Ne America. Yn blentyn, breuddwydiai Eva am ddianc oddi wrth ei bywyd tlawd drwy fod yn actores enwog a seren ym myd y ffilmiau.

Symudodd Eva i fyw yn ninas fawr Buenos Aires i geisio gwireddu ei breuddwyd, a hithau'n ddim ond pymtheg oed. O ganlyniad i'w thalent, ei phrydferthwch a'i dyfalbarhad, o dipyn i beth daeth yn actores enwog ar lwyfan ac ar y radio. Ond roedd Eva eisiau cyflawni mwy na hyn; roedd hi'n awyddus i helpu pobl llai ffodus na hi'i hun.

Un noson, mewn parti, cyfarfu â Chyrnol Juan Perón, gwleidydd grymus. Syrthiodd y ddau mewn cariad a phriodi'n fuan wedyn.

Pan etholwyd Juan Perón yn Arlywydd yr Ariannin flwyddyn yn ddiweddarach, daethpwyd i adnabod Eva wrth ei llysenw, Evita. Roedd y bobl yn meddwl y byd ohoni ac yn parchu ei hangerdd a'i hymroddiad i helpu'r tlodion. Ymgyrchodd yn ddiflino dros hawliau merched hefyd, a'u helpu i ennill yr hawl i bleidleisio.

Daeth yn ffigwr mor boblogaidd nes y gofynnwyd iddi sefyll fel dirprwy arlywydd, a llywodraethu ar y cyd â'i gŵr. Er bod y tlodion yn ei haddoli, roedd nifer o bobl bwerus yn amheus o'i phersonoliaeth gref a'i dylanwad. "Dydyn nhw ddim yn gallu dioddef y syniad o ferch ifanc, lwyddiannus," meddai.

Ar ôl darganfod ei bod yn dioddef o salwch difrifol, penderfynodd Evita beidio ag ymgeisio am swydd y dirprwy arlywydd. Er hyn, helpodd ei gŵr i sicrhau ail dymor fel arlywydd. Dim ond ychydig fisoedd yn ddiweddarach, bu farw. Cyhoeddwyd y newyddion ar orsaf radio genedlaethol yr Ariannin gyda'r geiriau: "Rydym wedi colli arweinydd ysbrydol ein cenedl."

7 MAI 1919 – 26 GORFFENNAF 1952
YR ARIANNIN

"MYNNWCH YR HYN
RYDYCH WIR YN
DYHEU AMDANO."
– EVITA PERÓN

· FADUMO DAYIB ·

GWLEIDYDD

Un tro, roedd yna ferch a dreuliodd ei phlentyndod yn ceisio ffoi rhag rhyfel. Roedd rhaid i Fadumo a'i theulu fod un cam ar y blaen i geisio osgoi'r ymladd ac felly doedd dim modd iddi fynd i'r ysgol. Wnaeth hi ddim dysgu darllen nac ysgrifennu nes ei bod hi'n bedair ar ddeg oed.

Un dydd, dywedodd ei mam, "Mae'n rhaid i ti adael y wlad. Cer â dy frawd a dy chwaer hefyd, ac ewch!" Gwyddai Fadumo fod ei mam yn iawn: roedd y rhyfel wedi dinistrio Somalia, ac roedd o'n lle eithriadol o beryglus i blant.

Pan gyrhaeddon nhw'r Ffindir o'r diwedd, roedden nhw'n cael gwneud yr holl bethau y mae plant sy'n byw mewn gwledydd heddychlon, democrataidd, yn eu gwneud. Roedd ganddyn nhw gartref a gwlâu; roedden nhw'n cael bwyd bob dydd; roedden nhw'n cael chwarae a mynd i'r ysgol; doedden nhw byth yn cael eu curo ac roedd modd iddyn nhw weld meddyg am ddim petaen nhw'n cael eu taro'n wael.

Ond anghofiodd Fadumo fyth am Somalia, ei mamwlad.

Roedd hi'n benderfynol o ddysgu popeth o fewn ei chyrraedd, fel y gallai ddychwelyd i'w gwlad ei hun a helpu'r bobl i adennill eu rhyddid a sicrhau heddwch. "Mae'n rhaid i mi wneud hyn," meddai wrth ei gŵr.

Ar ôl ennill tair gradd meistr, gadawodd ei theulu yn y Ffindir a dechrau gweithio gyda'r Cenhedloedd Unedig i sefydlu ysbytai ledled Somalia.

Heddiw, Fadumo yw ymgeisydd arlywyddol benywaidd cyntaf Somalia. Does yna'r un ferch arall erioed wedi ymgeisio am arlywyddiaeth Somalia o'r blaen. Mae'n swydd hynod beryglus oherwydd sefyllfa fregus y wlad, ond does gan Fadumo ddim amheuon: "Byddai fy mam wastad yn dweud wrtha i fod holl bosibiliadau'r byd yng nghledr fy llaw. Ac mae hynny'n wir bob gair."

GANWYD 1973

SOMALIA

"NI FYDD ANGEN I NI DDADLAU
DROS EIN HAWL I FYW BYTH ETO."
FADUMO DAYIB

· FLORENCE NIGHTINGALE ·

NYRS

U n tro, ganwyd baban i ŵr a gwraig o Loegr oedd yn teithio yn yr Eidal. Penderfynodd y ddau enwi eu merch ar ôl y ddinas hardd ble cafodd ei geni, ac felly fe'i galwyd hi'n Florence.

Roedd Florence yn hoff iawn o deithio; roedd hi'n mwynhau Mathemateg a Gwyddoniaeth yn fawr ac roedd hi wrth ei bodd yn casglu gwybodaeth. Bob tro y byddai'n teithio i le newydd, byddai'n nodi sawl person oedd yn byw yno, sawl ysbyty oedd yno a pha mor fawr oedd y ddinas.

Dotiai at rifau.

Hyfforddodd Florence i fod yn nyrs, ac roedd hi mor dda wrth ei gwaith, fe'i hanfonwyd gan y llywodraeth i Dwrci, i ofalu am ysbyty ar gyfer milwyr wedi'u hanafu.

Yr eiliad y cyrhaeddodd Florence yr ysbyty, dechreuodd gasglu ac astudio cymaint o wybodaeth a data ag y gallai. Sylweddolodd nad marw o ganlyniad i'w hanafiadau y byddai'r rhan fwyaf o filwyr yno, ond yn hytrach, o ganlyniad i heintiau ac afiechydon y byddent yn eu dal yn yr ysbyty.

"Y peth diwethaf y dylai ysbyty ei wneud yw achosi niwed i'w gleifion," meddai.

Gwnaeth Florence yn siŵr fod pawb a weithiai yn yr ysbyty yn golchi eu dwylo yn aml, a bod popeth yn cael ei gadw mor lân â phosib. Gyda'r nos, byddai'n ymweld a'i chleifion gan sgwrsio gyda nhw a chodi eu calonnau; byddai'n cario llusern i oleuo'r ffordd.

Diolch i Florence, dychwelodd nifer fawr o filwyr adref o'r rhyfel yn ddiogel. Caiff ei chysylltu gyda'r ddelwedd o'r nyrs garedig a dewr oedd wastad â'i llusern ynghynn drwy flynyddoedd tywyll y rhyfel.

12 MAI 1820 – 13 AWST 1910

LLOEGR

DARLUN GAN
DALILA ROVAZZANI

"WNES I ERIOED WNEUD
ESGUSODION, NA
DERBYN ESGUSODION,
A DYMA'R RHESWM AM
FY LLWYDDIANT."
– FLORENCE NIGHTINGALE

· FRIDA KAHLO ·

ARTIST

Un tro, mewn tŷ glas llachar ger Dinas Mecsico, roedd merch fach o'r enw Frida yn byw. Byddai hi'n tyfu i fod yn un o aristiaid enwocaf yr ugeinfed ganrif, ond bu ond y dim iddi farw'n ifanc iawn.

Pan oedd hi'n chwech oed, daeth o fewn trwch blewyn i farw. Cafodd glefyd o'r enw polio a'i gwnaeth yn gloff, ond wnaeth hynny ddim ei hatal rhag chwarae, nofio a reslo, yn union fel y plant eraill.

Yna, pan oedd hi'n ddeunaw, cafodd ei hun mewn damwain fws erchyll. Bu bron iddi farw unwaith eto – a threuliodd fisoedd yn y gwely yn dod ati hi'i hun. Gwnaeth ei mam stand arbennig iddi, fel y gallai beintio wrth iddi orwedd ar ei hyd. Roedd Frida wrth ei bodd yn peintio.

Wedi iddi wella, y peth cyntaf a wnaeth oedd ymweld ag artist enwocaf Mecsico, Diego Rivera. "Ydy fy narluniau o unrhyw werth?" gofynnodd iddo. Mae lluniau Frida yn anhygoel: yn gadarn, llachar a phrydferth. Edrychodd Diego ar y lluniau a chael ei gyfareddu'n llwyr ganddyn nhw – a syrthiodd mewn cariad â Frida hefyd.

Priododd y ddau. Roedd Diego'n ddyn mawr a wisgai het lydan ac roedd Frida'n edrych yn bwtan fechan wrth ei ymyl. Roedd pobl yn eu galw yn "yr eliffant a'r golomen".

Peintiodd Frida gannoedd o hunanbortreadau hardd yn ystod ei bywyd – yn amlach na pheidio gyda'r anifeiliaid a'r adar yr oedd hi'n eu cadw'n ei chartref o'i chwmpas. Mae'r tŷ glas llachar wedi cael ei gadw yn union fel yr oedd, yn llawn lliw a llawenydd a blodau.

6 GORFFENNAF 1907 – 13 GORFFENNAF 1954
MECSICO

DARLUN GAN
HELENA MORAIS SOARES

"PAM BOD ANGEN
TRAED ARNA I PAN
MAE GEN I ADENYDD
I HEDFAN?"
– FRIDA KAHLO

• GRACE HOPPER •

GWYDDONYDD CYFRIFIADUROL

Un tro, roedd yna ferch fach o'r enw Grace ac roedd hi eisiau gwybod yn union sut roedd clociau larwm yn gweithio. Dechreuodd ddatgymalu pob cloc y gallai ddod o hyd iddo. Un i ddechrau, ac yna un arall, ac yna un arall. Erbyn iddi ddatgymalu'r seithfed cloc, sylweddolodd ei mam nad oedd mwy o glociau yn y tŷ, a dywedodd wrthi am roi'r gorau iddi!

Ond parhau i botsian a wnaeth Grace, ac astudio unrhyw beth oedd yn mynd â'i bryd. Yn y pen draw, daeth yn Athro Mathemateg a Ffiseg yn y brifysgol. Yn ystod yr Ail Ryfel Byd, ymunodd â'r Llynges Frenhinol, gan ddilyn ôl troed ei thaid, oedd yn llyngesydd.

Fe'i rhoddwyd ar waith ar brosiect arbennig. "Tyrd i gyfarfod Mark," meddai swyddogion y llynges wrthi un diwrnod. Dilynodd Grace nhw i mewn i ystafell gan ddisgwyl gweld person, ond yn hytrach cafodd ei chyflwyno i'r cyfrifiadur cyntaf erioed. Ei enw oedd Mark I. Roedd o mor fawr â'r ystafell ac am mai dyma'r cyfrifiadur cyntaf, doedd yna neb yn siŵr iawn sut roedd o'n gweithio. Felly dechreuodd Grace botsian gydag o. Roedd yn waith cymhleth iawn, ond diolch i Grace a'r rhaglenni a greodd ar gyfer Mark I a'i olynwyr, roedd modd i fyddinoedd Unol Daleithiau'r America ddehongli negeseuon cudd a anfonwyd gan eu gelynion yn ystod y rhyfel.

Pan oedd hi'n hŷn, ceisiodd Grace ymddeol fwy nag unwaith, ond fe'i galwyd yn ôl o hyd oherwydd ei gwybodaeth arbenigol. Ymhen hir a hwyr, daeth yn llyngesydd, fel ei thaid.

Ar hyd ei hoes, byddai Grace yn noswylio'n gynnar ac yna'n codi am bump y bore i wneud gwaith codio cyfrifiadurol. Ni phylodd ei chwilfrydedd, a thrwy ei gwaith diflino a manwl, daeth y byd yn ymwybodol o'r hyn y gallai cyfrifiaduron ei gyflawni.

9 RHAGFYR 1906 – 1 IONAWR 1992

UNOL DALEITHIAU'R AMERICA

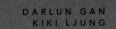

DARLUN GAN
KIKI LJUNG

HOPPE

"OS YW'N SYNIAD DA,
CER AMDANI."

• GRACE O'MALLEY •

MÔR-LEIDR

Un tro, roedd yna ferch bengoch yn byw ar arfordir gwyllt Iwerddon. Ei henw oedd Grace. Roedd ei theulu'n berchen ar diroedd a nifer o gestyll.

Pan ruai'r gwynt a phan dorrai'r tonnau yn erbyn y creigiau, byddai Grace yn sefyll ar gopa'r clogwyn a breuddwydio am forio dros donnau gwyllt y môr. "Dydy'r môr ddim yn lle i ferch," meddai ei thad wrthi. "A ph'run bynnag, fe fyddai dy wallt hir di'n mynd yn sownd yn y rhaffau."

Doedd Grace ddim yn fodlon. Torrodd ei gwallt yn fyr a gwisgodd ddillad bechgyn er mwyn profi i'w theulu y gallai fyw ar y môr.

Ar ôl misoedd o swnian, cytunodd ei thad y câi ddod ar y môr gydag o – ar un amod: "Os bydd llong môr-ladron yn dod i'r golwg, mae'n rhaid i ti guddio o dan fwrdd y llong," meddai. Ond pan ddigwyddodd hynny, a phan ymosododd y môr-ladron arnyn nhw, llamodd Grace oddi ar y rhaffau a glanio ar gefn un o'r dihirod! Roedd yr ymosodiad annisgwyl gan Grace yn llwyddiant – ac fe drechwyd y môr-ladron.

Roedd Grace yn llongwraig ardderchog ond roedd arni eisiau gwneud rhywbeth mwy cyffrous na physgota. Pan ymosododd y Saeson ar ei chastell, penderfynodd y byddai'n well ganddi fod yn fôr-leidr ei hun nag ymostwng i Loegr. Mewn dim o dro, roedd Grace yn berchen ar ei llynges ei hun, ynghyd â mwy o ynysoedd a chestyll ar arfordir gorllewinol Iwerddon.

Pan herwgipiodd y Saeson ei meibion, hwyliodd Grace i gyfarfod brenhines Lloegr, Elisabeth I, er mwyn ceisio'u hachub. Er mawr syndod i bawb, daeth Grace a'r frenhines yn ffrindiau mynwesol. Dychwelwyd ei meibion a'i heiddo a bu Grace o gymorth i'r frenhines wrth iddi ymladd yn erbyn gelynion Lloegr – y Sbaenwyr.

TUA 1530 – 1603

IWERDDON

"MYFI YW BRENHINES Y WEILGI."
– GRACE O'MALLEY

· HARRIET TUBMAN ·

YMGYRCHYDD HEDDWCH

Un dydd, roedd yna ferch yn sefyll y tu allan i siop, pan ruthrodd dyn du heibio. Roedd yn cael ei erlid gan ddyn gwyn. "Stopiwch y cnaf 'na! Mae o'n gaethwas i mi!" gwaeddodd y dyn gwyn.

Wnaeth y ferch fach ddim byd. Enw'r ferch oedd Harriet – roedd hi'n ddeuddeg oed, ac roedd hithau hefyd yn gaeth. Gobeithiai Harriet y byddai'r dyn du yn llwyddo i ddianc. Roedd arni eisiau ei helpu.

Ar hynny, hyrddiodd y dyn gwyn wrthrych haearn at y dyn du ond yn hytrach na tharo'r caethwas, fe drawodd Harriet ar ei phen. Cafodd ei hanafu'n ddrwg ond yn wyrthiol, llwyddodd ei gwallt trwchus i'w hamddiffyn rhyw gymaint, ac achub ei bywyd. "Doedd fy ngwallt erioed wedi gweld crib," meddai. "Roedd o'n debycach i das wair na dim byd arall!"

Rai blynyddoedd yn ddiweddarach, penderfynodd y teulu a oedd yn berchen ar Harriet, ei gwerthu i deulu arall. Dyma ei chyfle – a dihangodd Harriet!

Yn ystod y dydd, byddai'n cuddio o ŵydd pawb, a gyda'r nos byddai'n teithio. Pan groesodd y ffin i Bensylfania, sylweddolodd – am y tro cyntaf erioed – ei bod hi'n rhydd! "Mi edrychais ar fy nwylo er mwyn ceisio gweld ai'r un person oeddwn, gan fy mod bellach yn rhydd. Y fath ogoniant! Roeddwn i'n teimlo fel petawn i wedi cyrraedd y nefoedd."

Meddyliodd Harriet am y caethwas a welodd yn ffoi o flaen y siop y diwrnod hwnnw, a meddyliodd am ei theulu yn ôl ym Maryland, oedd yn dal i fod yn gaeth. Gwyddai fod yn rhaid iddi eu helpu. Aeth yn ôl i Maryland bron i ugain o weithiau dros yr un mlynedd ar ddeg nesaf. Chafodd hi erioed mo'i dal ac achubodd gannoedd o bobl a oedd yn gaeth.

TUA 1822 – 10 MAWRTH 1913
UNOL DALEITHIAU'R AMERICA

DARLUN GAN
SALLY NIXON

"...AC ERFYNIAIS AR DDUW I ROI
CRYFDER I MI FEDRU BRWYDRO, A
DYNA'R HYN RWYF WEDI GWEDDÏO
AMDANO BYTH ERS HYNNY."
– HARRIET TUBMAN

• HATSHEPSUT •

PHARO

Ymhell cyn oes Cleopatra, bu merch yn llywodraethu ar yr Aifft am bum mlynedd ar hugain. Ei henw oedd Hatshepsut – y ferch gyntaf erioed i fod yn Pharo.

Ar y pryd, roedd y syniad o Pharo benywaidd yn un mor wrthun fel y bu'n rhaid i Hatshepsut ymddwyn fel dyn er mwyn perswadio'r Eifftiaid ei bod hi'n arweinydd go iawn. Cyhoeddodd mai brenin oedd hi, ac nid brenhines; newidiodd ei henw i'w ffurf gwrywaidd a gwisgodd ddillad gwrywaidd. Aeth cyn belled â gwisgo barf ffug o dro i dro, hyd yn oed!

Teyrnasodd Hatshepsut am gyfnod hirach a mwy llwyddiannus nag unrhyw Pharo arall yn holl hanes yr Aifft. Ond mae'n debyg nad oedd hynny'n ddigon. Ugain mlynedd ar ôl ei marwolaeth, ceisiodd rhywun ei dileu o'r llyfrau hanes. Maluriwyd delwau ohoni a diddymwyd ei henw o'r cofnodion.

Pam? Oherwydd bod Pharo benywaidd yn achosi cur pen i bobl. Beth petai ei llwyddiant hi'n annog mwy o ferched i ddeisyfu grym?

Ond dydy dileu'r cof am rywun sydd wedi cael ei anfarwoli mewn carreg ddim yn beth hawdd, diolch byth.

Mae digon o waddol ei bywyd a'i gwaith wedi goroesi i alluogi archeolegwyr modern i roi'r darnau jig-so at ei gilydd a chreu darlun o'i stori.

Cipiwyd mymi Hatshepsut, a lapiwyd mewn lliain a'i bersawru â resin, o'i feddrod gwreiddiol a'i guddio, ond rai blynyddoedd yn ôl, daethpwyd o hyd iddo, yn Nyffryn y Brenhinoedd yn yr Aifft.

TUA 1508 – 1458 C.C.

YR AIFFT

DARLUN GAN
ELENI KALORKOTI

"RWYF WEDI ADNEWYDDU'R HYN
A OEDD YN ADFAIL. RWYF WEDI
ADFER YR HYN A DDINISTRIWYD."
– HATSHEPSUT

• HELEN KELLER •

YMGYRCHYDD

Un tro, roedd yna ferch o'r enw Helen oedd yn dioddef â gwres uchel wnaeth beri iddi golli ei golwg a'i chlyw. Arferai orwedd ar lawr yn cicio a sgrechian mewn rhwystredigaeth.

Un dydd, aeth mam Helen â hi i ysgol arbennig ar gyfer y deillion. Roedd athrawes ifanc dalentog yn gweithio yno o'r enw Anne Sullivan. Penderfynodd Anne geisio dysgu Helen i siarad.

Ond, meddyliodd Anne, sut alla i ddysgu'r gair 'doli' iddi hi os nad ydy hi'n medru gweld y ddoli? Sut all Helen ddweud y gair 'dŵr' os nad ydy hi erioed wedi clywed neb yn siarad?

Sylweddolodd Anne fod yn rhaid iddi ddefnyddio synnwyr cyffwrdd Helen. Rhoddodd fysedd Helen o dan ddŵr rhedegog a sillafu'r gair 'dŵr' ar ei llaw. Yna sillafodd y gair 'doli' tra oedd Helen yn rhoi cwtsh i'w hoff ddol. Ac o dipyn i beth, daeth Helen i ddeall fod geiriau gwahanol yn golygu pethau gwahanol!

Wrth roi ei bysedd ar wefusau Anne, roedd modd i Helen deimlo'r cryndod pan fyddai gair yn cael ei lefaru, ac yn araf deg fe ddysgodd sut i greu'r synau hynny ei hun. Maes o law, roedd hi'n siarad yn uchel am y tro cyntaf.

Dysgodd Helen sut i ddarllen Braille drwy symud ei bysedd dros y smotiau bach. Dysgodd wahanol ieithoedd, hefyd: Ffrangeg, Almaeneg, Lladin a Groeg. Siaradodd yn gyhoeddus dros hawliau pobl ag anableddau. Teithiodd ledled y byd gyda'i hathrawes wych a'i chi tywys, hoff. Doedd dim angen geiriau arni i ddweud wrthyn nhw sut roedd hi'n teimlo: byddai'n rhoi cwtsh mawr, tyn i'r ddau.

27 MEHEFIN 1880 – 1 MEHEFIN 1968
UNOL DALEITHIAU'R AMERICA

DARLUN GAN
MONICA GARWOOD

"MAE'R PETHAU GORAU
A'R HARDDAF YN Y BYD YN
AMHOSIB I'W GWELD NA'U
CYFFWRDD – RHAID EU
TEIMLO GYDA'R GALON."

KELLER

· HILLARY RODHAM CLINTON ·

YMGEISYDD ARLYWYDDOL

Roedd yna gyfnod pan mai dim ond bechgyn fyddai'n cael gwireddu eu breuddwydion a bod yn beth bynnag a fynnen nhw: chwaraewyr pêl-droed, meddygon, barnwyr, heddweision, arlywyddion.

Yn y cyfnod hwnnw, yn Illinois, ganwyd merch o'r enw Hillary.

Merch benfelen, ddewr oedd Hillary, a wisgai sbectol drwchus. Roedd ei chwilfrydedd hi'n ddi-ben-draw. Ysai am gael mynd i weld y byd, ond roedd arni ofn y bechgyn digywilydd oedd yn ei gwatwar ac yn ei hwfftio ar y stryd.

Un tro, pan oedd Hillary yn cuddio yn y tŷ, dywedodd ei mam wrthi: "Hillary, dos allan a'u hwynebu nhw. Os na wnei di, y bwlis fydd yn ennill, a hynny heb unrhyw drafferth."

Felly allan â hi. Dysgodd sut i wrthsefyll y bwlis ac o fewn dim o dro, daeth ar draws pobl eraill oedd yn yr un sefyllfa: pobl oedd yn brwydro yn erbyn hiliaeth, a mamau sengl yn gwneud eu gorau i fagu eu plant. Gwrandawodd Hillary ar straeon pawb, a cheisio meddwl sut y gallai eu helpu.

Penderfynodd mai'r ffordd y gallai wneud gwahaniaeth oedd trwy fod yn wleidydd. Am fod cynifer o Americanwyr yn amheus o wleidyddion benywaidd, cafodd ei beirniadu am resymau hurt – steil ei gwallt, sŵn ei llais, a'r math o ddillad a wisgai. Ceisiodd rhai eu gorau glas i'w halltudio o fyd gwleidyddiaeth, ond erbyn hynny, roedd Hillary yn hen law ar ddal ei thir.

Hillary oedd y ferch gyntaf i gael ei henwebu gan un o'r prif bleidiau ar gyfer Arlywyddiaeth yr Unol Daleithiau.

Roedd yna gyfnod pan nad oedd modd i ferched wireddu eu breuddwyddion, ond mae'r dyddiau hynny wedi hen ddiflannu.

GANWYD 26 HYDREF 1947
UNOL DALEITHIAU'R AMERICA

"I BOB MERCH FACH SYDD Â BREUDDWYD
FAWR, DW I EISIAU DWEUD HYN – FE GEI
DI FOD YN UNRHYW UN RWYT TI EISIAU
BOD – IE, YN ARLYWYDD, HYD YN OED."
– . HILLARY RODHAM CLINTON

· HYPATIA ·

MATHEMATEGYDD AC ATHRONYDD

Un tro, yn ninas hynafol Alexandria yn yr Aifft, roedd llyfrgell enfawr. Bryd hynny, hon oedd y llyfrgell fwyaf yn y byd, ond nid llyfrau oedd yno. Ar bapyrws, neu frwynbapur (a wnaed o blanhigion) yr ysgrifennai pobl, a bydden nhw'n ei rowlio, gan greu sgrôl. Roedd hyn yn wahanol iawn i'r llyfrau sydd gennym ni heddiw. Yn y llyfrgell hynafol hon, roedd miloedd o sgroliau, pob un wedi'i hysgrifennu â sgrifell a'i chadw'n ofalus ar silff.

Yn y llyfrgell yn Alexandria, eisteddai tad a merch ochr yn ochr yn astudio sgroliau gyda'i gilydd. Athroniaeth, Mathemateg a Gwyddoniaeth oedd eu hoff bynciau trafod.

Eu henwau oedd Theon a Hypatia.

Roedd Hypatia wrth ei bodd yn datrys hafaliadau, a byddai wastad yn cynnig damcaniaethau newydd am geometreg a rhifyddeg. Roedd hi'n mwynhau astudio i'r fath raddau nes iddi ddechrau ysgrifennu ei llyfrau ei hun, ymhen dim o dro (neu sgroliau yn hytrach!) Dyfeisiodd declyn newydd o'r enw astrolab, i amcangyfrif safle'r Haul, y Lleuad a'r sêr ar unrhyw adeg arbennig.

Rhoddai Hypatia wersi Astronomeg ac roedd ei dosbarthiadau'n hynod o boblogaidd; tyrrai myfyrwyr ac ysgolheigion eraill o bell ac agos i'w chlywed yn siarad. Gwrthododd wisgo gwisg draddodiadol fenywaidd, a byddai'n darlithio mewn mantell ysgolheigaidd, fel yr athrawon eraill. Dinistriwyd ei gwaith i gyd pan losgwyd y llyfrgell i'r llawr. Ond yn ffodus, byddai ei myfyrwyr yn llythyru ei gilydd ac yn trafod Hypatia a'i syniadau rhagorol, a dyna sut y gallwn ninnau hefyd ddysgu am yr athrylith hon o Alexandria.

"DEFNYDDIA DY FEDDWL BOB
GAFAEL, OHERWYDD MAE
MEDDWL O CHWITH YN WELL NA
PHEIDIO Â MEDDWL O GWBL."
— HYPATIA

· IRENA SENDLEROWA ·

ARWRES RYFEL

Yng Ngwlad Pwyl roedd merch fach o'r enw Irena yn byw, ac roedd hi'n meddwl y byd o'i thad. Un dydd, ysgubodd ton ymledol o deiffws drwy Warsaw, sef y ddinas lle roedden nhw'n byw. Roedd tad Irena'n feddyg dewr. Gallai fod wedi cadw draw oddi wrth y cleifion, ac osgoi peryglu ei iechyd ei hun, ond yn hytrach, dewisodd aros a gofalu amdanyn nhw nes iddo yntau, hefyd, gael ei daro gan yr haint.

Cyn iddo farw, dywedodd wrth ei ferch, "Irena, os gweli di byth rywun yn boddi, rhaid i ti neidio i'r dŵr i geisio'u hachub."

Nid anghofiodd Irena eiriau ei thad felly pan ddechreuodd y Natsïaid erlid yr Iddewon, penderfynodd helpu'r teuluoedd Iddewig i achub eu plant.

Rhoddodd enwau Cristnogol i'r plant, a dod o hyd i deuluoedd Cristnogol fyddai'n gofalu amdanyn nhw. Ysgrifennodd eu henwau newydd a'u henwau go iawn ar ddarnau bach o bapur ac yna eu rowlio a'u cuddio mewn jariau marmalêd. Yna, claddodd y jariau o dan goeden fawr yn ngardd un o'i ffrindiau.

Weithiau, byddai'r plant ieuengaf yn llefain pan oedd Irena'n ceisio eu hachub. Er mwyn tynnu sylw'r milwyr Natsïaidd a chelu'r sŵn crio, roedd Irena wedi dysgu ci i gyfarth pan fyddai'n ei orchymyn.

Byddai Irena yn cuddio'r plant mewn sachau, mewn bagiau llawn dillad, mewn bocsys ac mewn eirch hyd yn oed!

Mewn cwta dri mis, achubodd 2,500 o blant.

Ar ôl y rhyfel, tyrchodd Irena am y jariau marmalêd a sicrhau fod nifer o'r plant yn cael eu haduno gyda'u teuluoedd.

15 CHWEFROR 1910 – 12 MAI 2008

GWLAD PWYL

DARLUN GAN
ZOZIA DZIERŻAWSKA

"FE'M MAGWYD I GREDU BOD RHAID
ACHUB POBL SY'N BODDI, BETH BYNNAG
EU CREFYDD NEU GENEDLIGRWYDD."
– IRENA SENDLEROWA

· ISABEL ALLENDE ·

AWDUR

Yn gymharol ddiweddar yn Chile, roedd merch fywiog a phenderfynol o'r enw Isabel yn byw.

Bob tro y byddai'n cael ei thrin yn wahanol oherwydd ei bod yn ferch, byddai'n protestio.

Byddai'n gwylltio'n gacwn ac yn teimlo'r peth i'r byw pan fyddai rhywun yn dweud wrthi na châi wneud rhywbeth "oherwydd mai merch oedd hi".

Roedd hi wrth ei bodd yn ysgrifennu, a byddai clywed straeon pobl am eu bywydau bob dydd yn ei hymddiddori'n fawr. Felly penderfynodd fod yn newyddiadurwraig.

Un dydd, cafodd Isabel gyfweliad â bardd enwog o Chile o'r enw Pablo Neruda. "Mae gen ti ddychymyg mor fyw!" meddai wrthi. "Nofelau ddylet ti fod yn eu hysgrifennu, nid erthyglau papur newydd."

Rai blynyddoedd yn ddiweddarach, cafodd Isabel newyddion drwg: roedd ei thaid yn marw. Am ei bod hi'n bell oddi cartref, yn Feneswela, roedd hi'n anodd iddi fynd adref i ymweld ag o, felly penderfynodd ysgrifennu llythyr ato.

Ymhen dim o dro, dechreuodd ysgrifennu'r llythyr, llifodd y geiriau a gwelodd na fedrai roi'r gorau iddi. Ysgrifennodd am ei theulu, am bobl a oedd yn dal yn fyw a phobl oedd wedi marw. Ysgrifennodd am unben creulon, am gariad angerddol, am ddaeargryn erchyll, am bwerau hudol, am ysbrydion.

Roedd y llythyr yn un mor hir nes iddo droi'n nofel.

Roedd y nofel *La Casa de los Espíritus* (neu *Tŷ'r Ysbrydion* yn Gymraeg) yn llwyddiant ysgubol, a bellach mae Isabel yn un o nofelwyr mwyaf poblogaidd ein cyfnod ni. Mae hi wedi ysgrifennu ugain llyfr arall ac wedi ennill mwy na 50 o wobrau llenyddol.

GANWYD 2 AWST 1942

CHILE

DARLUN GAN
PAOLA ROLLO

"YSGRIFENNA YR
HYN NA DDYLID BYTH
EI ANGHOFIO."
—ISABEL ALLENDE

· JACQUOTTE DELAHAYE ·

MÔR-LEIDR

Un tro, yn Haiti, roedd merch bengoch o'r enw Jacquotte yn byw.

Bu farw mam Jacquotte wrth iddi roi genedigaeth i'w brawd bach. Bu farw'r tad hefyd o fewn dim, ac er mwyn gofalu amdani hi a'i brawd bach, roedd yn rhaid i Jacquotte geisio ennill ei bara menyn. Felly penderfynodd fynd yn fôr-leidr.

Arweiniai Jacquotte griw o gannoedd o fôr-ladron. Ar y môr, bydden nhw'n bwyta cig wedi'i fygu, chwarae gemau, gwasgu powdwr du i ganonau, a lladrata oddi ar longau'r Sbaenwyr. Roedd hi'n berchen ar ei hynys fach gyfrinachol ei hun, a dyna ble roedd hi'n byw gyda'i chriw o fôr-ladron.

Roedd gan Jacquotte nifer o elynion: roedd y llywodraeth, ynghyd â rhai môr-ladron cystadleuol, am ei gwaed. Er mwyn dianc, penderfynodd ffugio ei marwolaeth ei hun a mynd i guddio. Llwyddodd i daflu llwch i lygaid pobl am sbel drwy roi enw newydd iddi hi'i hun a gwisgo fel dyn, ond wnaeth y twyll ddim para'n hir. Wedi'r cyfan, nid pawb oedd â gwallt mor fflamgoch â Jacquotte! Mewn dim o dro, roedd hi wedi dychwelyd at fôr-ladrata ac wedi ennyn y llysenw 'Y Gochen Farw'n-Fyw', neu 'Back from the Dead Red' yn Saesneg.

Roedd gan Jacquotte ffrind a oedd hefyd yn fôr-leidr. Ei henw oedd Anne Dieu-le-Veut ac roedd hi'n briod a chanddi ddau o blant. Ar ôl i'w gŵr farw wrth ymladd, cymerodd reolaeth dros eu llong ac ymunodd â Jacquotte.

Y ddwy yma oedd môr-ladron mwyaf milain moroedd y Caribî ac roedd ar bawb eu hofn. Daeth eu straeon yn chwedlau y byddai môr-ladron benywaidd a gwrywaidd yn eu hadrodd wrth ei gilydd fin nos ar fwrdd eu llong dan y sêr, cyn breuddwydio am yr anturiaethau y byddai'n eu haros pan ddôi'r wawr.

TUA 1640AU – TUA 1660AU

HAITI

"ALLWN I FYTH GARU DYN SY'N
FY RHEOLI I, DDIM MWY NAG Y
GALLWN GARU DYN SY'N GADAEL
I MI EI REOLI O.
– JACQUOTTE DELAHAYE

· JANE AUSTEN ·

AWDUR

Un tro, yng nghefn gwlad Lloegr, roedd merch fach yn byw oedd yn gwirioni ar lyfrau yn fwy na dim byd arall yn y byd i gyd yn grwn. Hoff le Jane oedd y soffa yn llyfrgell ei thad, lle byddai'n swatio a'i phen mewn llyfr.

Weithiau, byddai'n dadlau gyda'r cymeriadau, fel petaen nhw'n gallu ei hateb yn ôl. Byddai'n byw yn y straeon, bron.

Yn aml, byddai Jane a'i saith brawd a chwaer yn creu sioeau a chwarae *charades* i ddifyrru eu hunain a'u rhieni. Pan oedd Jane yn ifanc iawn, dechreuodd ysgrifennu ei straeon ei hun a'u darllen yn uchel i'w chwaer, Cassandra, er mwyn gwneud iddi chwerthin. Roedd straeon Jane yn debyg o ran anian iddi hi'i hun – roedden nhw'n ddifyr, dyfeisgar, ffraeth a miniog.

Roedd y manylion bach yn bwysig iddi: y ffordd y byddai dau gariad yn cecru, sut y byddai rhywun yn cerdded, yr hyn a ddywedai'r morynion wrth ei gilydd – roedden nhw i gyd yn gliwiau pwysig ac yn datgelu cymeriadau pobl. Gwnâi Jane nodiadau manwl bob dydd, yn barod i'w defnyddio yn ei nofelau.

Yn y cyfnod hwnnw, roedd disgwyl i ferched briodi. Ond doedd dim chwant priodi ar Jane, felly wnaeth hi ddim.

"O, Lizzy!" meddai un o'i chymeriadau. "Byddai unrhyw beth yn well na phriodas ddigariad."

Mae Jane Austen yn un o'r nofelwyr enwocaf yn hanes llenyddiaeth Saesneg. Hyd heddiw, gellir ymweld â'i bwthyn tlws yn y pentref lle roedd hi'n byw, gan eistedd wrth ei desg fechan ac edrych allan ar yr ardd flodau.

16 RHAGFYR 1775 – 18 GORFFENNAF 1817
LLOEGR

DARLUN GAN
SOPHIA MARTINECK

"OS WYT AM GYSUR GO
IAWN, DOES UNMAN YN
DEBYG I GARTREF."
– JANE AUSTEN

· JANE GOODALL ·

PRIMATOLEGYDD

Un tro, roedd yna ferch o'r enw Jane oedd wrth ei bodd yn darllen a dringo coed.

Ei breuddwyd oedd treulio amser gydag anifeiliaid gwyllt yn Affrica. Felly un dydd, paciodd ei llyfr nodiadau a'i sbeinddrych a throi am Tansania, a'i bryd ar astudio tsimpansîaid yn eu hamgylchfyd eu hunain.

Doedd pethau ddim yn hawdd i ddechrau oherwydd byddai'r tsimpansîaid yn ei heglu hi o'r golwg cyn gynted ag y bydden nhw'n gweld Jane yn nesáu. Ond, byddai Jane yn dychwelyd i'r un lle bob dydd, ar union yr un amser, ac o dipyn i beth, dechreuodd y tsimpansîaid ymddiried ynddi.

Ond doedd hyn ddim yn ddigon i Jane: roedd arni eisiau bod yn ffrind iddyn nhw. Felly sefydlodd 'glwb bananas' a byddai'n rhannu bananas gyda'r tsimpansîaid bob tro y byddai'n ymweld.

Ar y pryd, wyddai neb rhyw lawer am tsimpansîaid. Byddai rhai gwyddonwyr yn eu gwylio o bellter, drwy sbienddrych. Byddai eraill yn cadw tsimpansîaid mewn cewyll er mwyn eu hastudio.

Roedd Jane, ar y llaw arall, yn treulio oriau lawer yn loetran yng nghwmni'r tsimpansîaid. Ceisiodd siarad gyda nhw, gan ebychu a gwneud synau. Dringodd eu coed a bwyta'r un bwydydd â nhw. Gwelodd fod gan tsimpansîaid ddefodau, eu bod yn defnyddio offer a'u bod yn cyfathrebu trwy gyfrwng iaith sy'n cynnwys o leiaf ugain sŵn gwahanol. Daeth i ddeall hefyd nad ydy tsimpansîaid – yn groes i'r hyn a gredwyd cyn hynny – yn llysieuwyr. Un tro, achubodd Jane tsimpansî oedd wedi'i anafu, gan ofalu amdano nes iddo wella. Pan oedd hi'n bryd iddo gael ei ryddhau yn ôl i'r gwyllt, trodd y tsimpansî ati a rhoi cwtsh hir, cariadus iddi, cystal â dweud, "diolch a hwyl fawr!"

GANWYD 3 EBRILL 1934

LLOEGR

DARLUN GAN
EMMANUELLE WALKER

"DIM OND OS Y DEALLWN Y
MALIWN. DIM OND OS Y MALIWN YR
HELPWN. DIM OND OS YR HELPWN
Y BYDD ACHUBIAETH I BAWB."
– JANE GOODALL

• JESSICA WATSON •

LLONGWRAIG

Un tro roedd yna ferch o'r enw Jessica ac roedd arni ofn dŵr.

Un bore braf o haf, roedd Jessica'n chwarae wrth y pwll gyda'i theulu a'i ffrindiau. Daeth gweddill y plant at ei gilydd gan ffurfio rhes ar lan y pwll er mwyn dal dwylo a neidio i'r dŵr.

Gwyliai mam Jessica hi drwy'r ffenest, gan ei bod yn pryderu am ei merch. Roedd hi'n disgwyl i Jessica gamu 'nôl oddi wrth ochr y pwll ond er mawr syndod iddi, aeth Jessica at ymyl y dŵr gyda'r lleill. "Un ... dau ... tri ..." *Sblash!* Glaniodd y plant i gyd yn y dŵr, gan weiddi a chwerthin.

Byth ers hynny, roedd Jessica wrth ei bodd yn y dŵr. Ymunodd â chlwb hwylio a phenderfynu hwylio o amgylch y byd ar ei phen ei hun, yn ddi-stop. Peintiodd ei chwch yn binc llachar a'i enwi yn *Ella's Pink Lady*.

Llenwodd y cwch gyda phasteiod cig, tatws, tuniau dirifedi o ffa pob, 150 potel o lefrith a galwyni o ddŵr, fe hwyliodd o Harbwr Sydney yn Awstralia. Dim ond un ar bymtheg oed oedd hi.

Ar ei phen ei hun bach, hwyliodd Jessica. Weithiau byddai'r môr yn dawel ac yn llyfn fel drych ond weithiau byddai'n rhaid iddi frwydro yn erbyn tonnau cyn uched â nendyrau. Dihunodd i brofi'r boreau bach mwyaf bendigedig erioed, gwelodd forfilod gleision a gwyliodd sêr yn gwibio uwch ei chwch.

Saith mis yn ddiweddarach, wedi hwylio o gwmpas y byd, cyrhaeddodd yn ôl yn Sydney. Daeth miloedd o bobl i'w chroesawu ar y lan a gosodwyd llwybr o garped arbennig ar ei chyfer: un pinc llachar, yn union fel ei chwch!

GANWYD 18 MAI 1993

AWSTRALIA

"DOES DIM MODD NEWID YR AMODAU
– OND MAE MODD NEWID Y FFORDD
RWYT TI'N YMATEB IDDYN NHW."
– JESSICA WATSON

• JILL TARTER •

ASTRONOMEGYDD

Un tro, roedd yna ferch oedd bron â thorri ei bol eisiau bod yn ffrindiau gyda'r sêr. Jill oedd ei henw.

Byddai'n arfer pendroni, "Sut fedrwn ni fod yr unig rai yn y bydysawd pan mae'r awyr mor fawr?"

Câi drafferth meddwl am lawer o ddim byd arall ac felly pan dyfodd hi'n fawr, penderfynodd chwilio am fywyd allfydol drwy astudio'r wybrennau'n fanwl. Daeth yn astronomegydd ac yn gyfarwyddwr SETI, sef canolfan sy'n cynnal ymchwil wyddonol er mwyn ceisio dod o hyd i fywyd yn y gofod.

Am flynyddoedd, astudiodd Jill a'i thîm gannoedd o gyfundrefnau sêr gwahanol, yn defnyddio telesgopau wedi'u lleoli ledled y byd. Bob nos byddai'n chwilio am arwyddion o wareiddiad ar blanedau pellennig.

Doedd neb yn gwybod – a ŵyr neb hyd heddiw, chwaith – pa systemau cyfathrebu y gallai estroniaid o blanedau eraill fod yn eu defnyddio. Ond fe wyddwn ei bod hi'n annhebygol mai ni yw'r unig breswylwyr mewn bydysawd mor enfawr.

Byddai Jill yn mwynhau mynd am dro ar ei phen ei hun o dan yr wybren serog. "Roeddwn i'n arfer cerdded i'r stafell reoli i ddechrau fy shifft am hanner nos, a byddai Orion wastad yn union uwch fy mhen, fel hen ffrind," meddai.

Hyd yma, does dim o'i hymchwil wedi dod o hyd i dystiolaeth wyddonol o fywyd allfydol, ond mae hi'n dal yn obeithiol. "Ddywedodd neb erioed nad oes pysgod yn y môr ar ôl codi un gwydryn gwag o'r tonnau," meddai.

GANWYD 16 IONAWR 1944
UNOL DALEITHIAU'R AMERICA

DARLUN GAN
ZOZIA DZIERŻAWSKA

"MAE SYNIADAU GWYDDONOL YN
TAFLU GOLEUNI I GORNELI TYWYLL."
– JILL TARTER

• JINGŪ •

YMERODRES

Un tro, roedd ymerodres yn byw yn Siapan ac roedd hi'n feichiog.

Cyhoeddodd yr ymerawdwr, sef ei gŵr, ryfel ar grŵp o rebeliaid. Doedd Jingū ddim yn cytuno. Dywedodd wrtho ei bod wedi cael gweledigaeth mewn breuddwyd y dylen nhw, yn lle mynd i ryfel, ddefnyddio'u byddin i gipio Corea, "gwlad yn llawn pethau rhyfeddol sy'n wledd i'r llygad".

Wnaeth gŵr Jingū ddim gwrando ar ei chyngor. Collodd y frwydr yn erbyn y rebeliaid a bu farw.

A hithau'n dal yn feichiog, ni soniodd Jingū wrth neb am farwolaeth ei gŵr. Yn hytrach, gwisgodd ei ddillad a threchu'r rebeliaid ar ei phen ei hun. Yna, fe arweiniodd byddin y wlad ar draws Môr Siapan i goncro Corea, fel y cafodd ei ddarogan yn ei breuddwyd.

Yn ogystal â chael breuddwydion oedd yn ei helpu i ennill brwydrau, mae'n debyg fod gan Jingū bob math o bwerau hudol. Credai pobl ei bod yn rheoli'r llanw trwy ddefnyddio gemau arbennig a gadwai yn ei blwch tlysau. Dywedai eraill ei bod wedi cario'i mab, Ōjin, yn ei chroth am dair blynedd gyfan, gan roi amser i'w fam gipio Corea a dychwelyd adref cyn rhoi genedigaeth iddo.

Ond roedd un peth yn gwbl sicr – un wydn a thalentog iawn oedd hi.

Roedd Jingū yn rhyfelwraig arwrol oedd wastad yn cymryd cyfrifoldeb dros ei gweithredoedd. "Os bydd y cyrch yma'n llwyddiannus – i chi, fy swyddogion, fydd y diolch; ac os bydd yn fethiant, arna i a neb arall fydd y bai," meddai.

Bu'r cyrch hwnnw'n llwyddiant ac fe deyrnasodd am dros saith deg o flynyddoedd.

DARLUN GAN
ANA GALVAN

"WEDI EIN HARFOGI, MENTRWN
I'R MOROEDD MAWR; MAE EIN
LLYNGES YN BAROD I GIPIO'R
WLAD SY'N LLAWN TRYSORAU."
– JINGŪ

• JOAN JETT •

SEREN ROC

Roc a rôl oedd bywyd Joan.

Cafodd ei gitâr gyntaf yn anrheg Nadolig pan oedd hi'n dair ar ddeg oed. Roedd hi ar ben ei digon – ond roedd rhywbeth ar goll. Roedd canu'r gitâr ar ei phen ei hun yn hwyl, ond meddyliodd, "Os dw i wir am fod yn seren roc, mae angen band arna i."

Flwyddyn yn ddiweddarach, roedd hi wedi dod â band ynghyd: Cherie yn canu, Sandy ar y drymiau, Jackie yn canu'r gitâr fas a Lita yn brif gitarydd. Gyda Joan yn canu'r gitâr rythm ac yn canu, nhw oedd The Runaways.

Roedden nhw'n bymtheg oed, yn swnllyd a hyderus. Ar y llwyfan, byddai Joan yn gwisgo siwt undarn ledr, goch, ac yn amlach na pheidio byddai Cherie yn gwisgo dim ond ei dillad isaf!

Byddai pobl yn dweud eu bod yn rhy ifanc.

"Be 'di'r ots?" oedd ateb y merched.

"Dach chi'n rhy swnllyd," cwynai eraill. Ond eu hanwybyddu a wnâi The Runaways a chanu'n uwch.

"All merched ddim bod yn bync rocars," mynnai rhai.

"Pam lai?" meddai'r merched.

Roedd 'Cherry Bomb', un o'u caneuon cyntaf, yn llwyddiant ysgubol. Roedd eu hail albwm, *Queens of Noise*, yn enwog iawn yn Siapan. Ond doedd pethau ddim yn fêl i gyd. Yn ôl gartref, teithiai'r band o le i le drwy gydol y nos, mewn fan rydlyd. Weithiau byddai pobl yn gweiddi arnyn nhw a thaflu pethau atyn nhw. Ond doedd The Runaways ddim yn poeni o gwbl. Cerddoriaeth oedd popeth iddyn nhw; gwnâi iddyn nhw deimlo'n egnïol ac yn llawn bywyd.

GANWYD 22 MEDI 1958

UNOL DALEITHIAU'R AMERICA

DARLUN GAN
CARI VANDER YACHT

"NID GWRTHRYCH
YDY FY NGITÂR.
MAE'N ESTYNIAD
OHONA I. RYDYN
NI'N UN."
JOAN JETT

• JULIA CHILD •

COGYDDES

Un tro roedd yna ferch oedd yn anghyffredin o dal. Roedd Julia yn chwe throedfedd a dwy fodfedd o daldra.

Pan gychwynnodd yr Ail Ryfel Byd, roedd Julia'n benderfynol o ymuno â'r fyddin ond cafodd ei gwrthod oherwydd ei thaldra. Dywedodd y llynges ei bod yn rhy dal i ymuno â hwythau hefyd. Felly penderfynodd fod yn ysbiwraig.

Un o'i thasgau cyntaf oedd datrys problem hynod o ffrwydrol. Ar y pryd, roedd yna fomiau tanddwr yn britho'r moroedd, gan dargedu llongau tanfor yr Almaen. Ond yn anffodus, roedden nhw'n ffrwydro'n aml oherwydd bod siarcod yn nofio'n rhy agos atyn nhw. Doedd yr ysbiwyr eraill ddim yn gwybod beth i'w wneud am hyn – ond cafodd Julia syniad.

Dechreuodd goginio.

Cymysgodd bob math o gynhwysion afiach at ei gilydd a dechreuodd goginio cacennau a aroglai fel siarcod wedi marw. Gollyngwyd y cacennau i'r môr, ac roedden nhw'n effeithiol iawn am gadw siarcod draw. Wyddost ti pan wyt ti'n chwistrellu dy groen â hylif er mwyn cadw pryfetach draw? Wel, rhywbeth tebyg wnaeth Julia – ond gyda siarcod a bomiau.

Ar ôl y rhyfel, symudodd Julia a'i gŵr i Ffrainc oherwydd ei waith. Cafodd Julia ei llorio gan y pryd cyntaf o fwyd Ffrengig a fwytaodd ar ôl cyrraedd: sut gallai bwyd flasu mor anhygoel? Dim ond brith gof oedd y bunes cacennau atal siarcod ar ôl hynny. Penderfynodd ymuno â Le Cordon Bleu – yr ysgol goginio orau yn y byd – a dysgu popeth y gallai gan y cogyddion yno.

Datblygodd Julia i fod yn awdurdod byd-eang ar fwyd Ffrengig ac roedd ei llyfr, *Mastering the Art of French Cooking*, yn llwyddiant ysgubol. Roedd hi hyd yn oed yn cyflwyno ei rhaglenni teledu ei hun. *"Bon appétit,"* byddai'n ei ddweud, "oni bai mai siarc ydych chi!"

---

15 AWST 1912 – 13 AWST 2004

UNOL DALEITHIAU'R AMERICA

DARLUN GAN
BARBARA DZIADOSZ

"NID YW PARTI
HEB GACEN
YN DDIM
BYD MWY NA
CHYFARFOD."
– JULIA CHILD

KATE SHEPPARD

SWFFRAGÉT

Un tro, credai dynion mai holl bwrpas merched ar y ddaear oedd gweini arnyn nhw ddydd a nos, gan goginio a glanhau, gwarchod y plant a pheidio â phoeni am faterion pwysig y byd. Credai dynion hefyd y dylai merched wisgo dillad 'merchetaidd' – oedd yn golygu ffrogiau hir gyda staesiau tyn. Cyhyd â bod y merched yn edrych yn dlws, doedd dim gwahaniaeth gan y dynion nad oedden nhw prin yn medru symud nac anadlu yn y fath ddillad.

Châi merched ddim dal swydd, na chymryd rhan mewn chwaraeon, ac yn bendant chaen nhw ddim llywodraethu dros y wlad. Doedd ganddyn nhw ddim hawl i bleidleisio, hyd yn oed!

Ond un tro, roedd yna ferch o'r enw Kate a gredai y dylai merched gael yr un hawliau â dynion: y rhyddid i ddweud eu barn, y rhyddid i bleidleisio dros bwy bynnag a fynnen nhw, a'r rhyddid i wisgo dillad cyfforddus.

Un diwrnod, safodd ar ei thraed a chyhoeddi, "Dylem ni, ferched, gael yr hawl i bleidleisio. A dylem roi'r gorau i wisgo staesiau." Cythruddwyd a dychrynwyd pobl ac fe'u hysbrydolwyd gan syniadau newydd, chwyldroadol Kate.

Aeth Kate a'i ffrindiau ati i gasglu enwau yn cefnogi'r alwad am roi'r hawl i ferched bleidleisio. Casglwyd cynifer o enwau nes y bu'n rhaid iddyn nhw ludo tudalennau o bapur at ei gilydd i ffurfio rholyn hir. Cariodd y merched y rholyn i'r senedd a'i ddadrolio ar y llawr, fel un carped hir iawn. Dychmyga saith deg pedwar o faniau hufen iâ wedi'u parcio mewn rhes – roedd y rholyn papur yma'n hirach na hynny, hyd yn oed! Hon oedd y ddeiseb fwyaf a gyflwynwyd erioed. Roedd y deddfwyr yn gegrwth. Diolch i Kate, Seland Newydd oedd y wlad gyntaf yn y byd i roi'r bleidlais i ferched.

10 MAWRTH 1847 – 13 GORFFENNAF 1934
SELAND NEWYDD

DARLUN GAN
MALIN ROSENQVIST

"PAID Â MEDDWL AM EILIAD
NAD YDY DY BLEIDLAIS DI'N
CYFRI. FESUL UN Y MAE'R
DIFERION GLAW YN ADFYWIO'R
TIR SYCH DAN DRAED."
— KATE SHEPPARD

· LAKSHMI BAI ·

BRENHINES A RHYFELWRAIG

Un tro, yn nhalaith Jhansi yn India, roedd yna ferch o'r enw Lakshmi Bai yn byw, ac roedd hi wrth ei bodd yn ymladd.

Dysgodd gampau hunanamddiffyn, sut i saethu â bwa, a chleddyfa. Roedd hi'n codi pwysau ac yn reslo ac roedd hi'n farchoges heb ei hail. Ffurfiodd fyddin bersonol ar y cyd â merched eraill a oedd hefyd yn ymladdwyr gwych.

Priododd Gangadhar Rao, sef tywysog, neu 'Maharaja' Jhansi, a daeth hi'n frenhines (Rani yn Sansgrit). Cafodd y ddau blentyn ond bu farw'r bachgen pan oedd yn ifanc iawn. Roedd y golled a'r trallod o golli mab yn ormod i'r Maharaja a bu farw yntau yn fuan wedyn.

Yn y cyfnod hwnnw, roedd India dan reolaeth Prydain ac roedden nhw'n awyddus i reoli talaith Jhansi hefyd. Cafodd Lakshmi ei halltudio o'i phalas ei hun gan y Prydeinwyr, oherwydd bod ei mab a'i gŵr wedi marw. Ceisiodd Rani Lakshmi Bai daro 'nôl drwy fynd â'i hachos i lys barn, ond gwrthododd y Prydeinwyr wrando ar ei dadleuon. Felly, doedd dim amdani ond ymgasglu byddin o 20,000 o rebeliaid ynghyd, oedd yn cynnwys merched a dynion.

Ar ôl brwydr ffyrnig, trechwyd ei byddin, ond doedd Rani Lakshmi Bai ddim am roi'r ffidil yn y to. Gadawodd y ddinas gan farchogaeth ar gefn ei cheffyl dros wal uchel, ac yna anelodd tua'r dwyrain. Yno, cyfarfu â mwy o rebeliaid – nifer ohonyn nhw'n ferched fel hi. Arweiniodd Rani Lakshmi Bai ei mintai yn ôl at y frwydr, ar gefn ei cheffyl, a hithau wedi gwisgo fel dyn.

Disgrifiodd un o'r cadfridogion Prydeinig hi fel "y peryclaf o holl arweinwyr y rebeliaid".

19 TACHWEDD 1828 – 18 MEHEFIN 1858

INDIA

• LELLA LOMBARDI •

RASWRAIG FFORMIWLA UN

Un tro, roedd yna ferch oedd wrth ei bodd yn helpu ei thad i ddosbarthu cig yn fan y busnes teuluol. Bob tro y bydden nhw'n teithio o le i le, byddai'n neidio i sedd y gyrrwr a byddai ei thad yn ei hamseru. Ei henw oedd Maria Grazia, ond roedd pawb yn ei galw'n Lella.

Roedd Lella'n gyrru cystal, byddai hi'n torri record newydd bob tro roedden nhw'n mynd allan i ddosbarthu cig! Cyn bo hir, daethai trigolion y dref i hen arfer gweld fan y Lombardis yn gwibio i lawr yr elltydd, gyda'r salami'n sboncio yn y cefn.

Pan oedd hi'n ddeunaw oed, prynodd Lella gar rasio gyda'i chynilion a dechreuodd rasio'n broffesiynol. Doedd teulu Lella ddim yn synnu pan welson nhw yn y papur newydd ei bod wedi ennill Pencampwriaeth Fformiwla 850.

Doedd dim ots o gwbl gan Lella mai hi oedd yr unig ferch yn y ras. Y cyfan oedd ar ei meddwl oedd gyrru mor gyflym ag y gallai, er mwyn gwireddu ei breuddwyd bore oes o fod yn raswraig Fformiwla Un.

Methiant oedd ei chynnig cyntaf: wnaeth hi ddim llwyddo i gyrraedd y rownd ganlynol, hyd yn oed. Ond y flwyddyn wedyn, daeth o hyd i reolwr da, noddwr a char ardderchog: un gwyn, gyda baner yr Eidal ar ei drwyn. Yn ystod Grand Prix Sbaen, daeth Lella'n chweched, ac o ganlyniad, hi oedd y ferch gyntaf erioed i ennill pwyntiau mewn ras Fformiwla Un.

Er gwaethaf ei llwyddiant, penderfynodd ei thîm benodi gyrrwr arall yn ei lle – dyn – a dyna pryd y sylweddolodd Lella nad oedd Fformiwla Un yn barod i agor y drws i yrwyr benywaidd.

Parhaodd Lella i rasio ar hyd ei hoes. Hyd heddiw, does yr un ferch erioed wedi chwalu ei record Fformiwla Un.

26 MAWRTH 1941 – 3 MAWRTH 1992
YR EIDAL

DARLUN GAN
SARAH MAZZETTI

"MAE'N WELL GEN I RASIO
NA SYRTHIO MEWN CARIAD."
- LELLA LOMBARDI

· LOWRI MORGAN ·

RHEDWRAIG

Un tro, roedd yna ferch o'r enw Lowri oedd yn canu'n ddi-baid. Breuddwydiai am gael bod yn gantores broffesiynol rhyw ddiwrnod, ond maes gwahanol iawn aeth â'i bryd pan dyfodd yn hŷn, gan ei thywys ymhell, bell oddi wrth bryniau de Cymru. Daeth yn rhedwraig benderfynol a dewr, ac nid yw'n un am adael i neb na dim ei rhwystro rhag cyrraedd y brig.

Wrth iddi redeg ras hirfaith drwy goedwigoedd trofannol yr Amason, yn chwys diferol ac wedi llwyr ymlâdd, pendronodd tybed sut fyddai ei bywyd petai hi wedi dilyn trywydd gwahanol a mynd yn gantores. "Dipyn haws, mae hynny'n sicr," meddyliodd. Ar y pryd, roedd hi'n rhedeg Marathon Jyngl yr Amason – un o rasys anoddaf y byd. Roedd yna nadroedd a jagwariaid yn llechu yn y coed, cafodd ei herlid gan gacwn gwyllt, ac fe nofiodd mewn afon llawn piranaod! Roedd yn brofiad brawychus, ond parhau i redeg wnaeth Lowri. Doedd ildio ddim yn opsiwn.

Ar ôl rhedeg yn un o'r llefydd poethaf yn y byd, aeth i redeg marathon eithafol arall yn un o lefydd oeraf y byd: yr Arctig. Yn ystod y ras, am ei bod mor oer a llesg, dechreuodd meddwl Lowri chwarae triciau arni. "Gwelais fainc ar yr iâ a meddwl: dyna braf, falle wna i orffwys arni am dipyn. Ond wrth gwrs, doedd y fainc ddim yno mewn gwirionedd!"

Ar un pwynt, dechreuodd deimlo ei bod yn amhosib iddi barhau, ond ar yr eiliad honno, digwyddodd rhywbeth gwyrthiol. Clywodd lais ei mam: "Nid drwy beidio â chwympo y daw llwyddiant, ond drwy godi ac ailafael yn yr her wedi i ni gwympo." Ymrolodd Lowri a chyflymodd ei chamau drwy'r eira mawr a'r rhew, gan weld pengwiniaid ac eirth gwynion wrth fynd heibio, nes iddi gyrraedd y llinell derfyn a thorri record.

GANWYD 1975

CYMRU

DARLUN GAN
SARAH WILKINS

"FE FYDDA I WRTH FY
MODD YN EDRYCH Y
TU ÔL I MI AT DROED
Y MYNYDD A MEDDWL
– WAW! A CHAEL
TRAFFERTH CREDU MOR
BELL DW I WEDI DOD."
– LOWRI MORGAN

• L O Z E N •

RHYFELWRAIG

Un tro, roedd yna ferch oedd ar bigau eisiau bod yn rhyfelwraig.

Ei henw oedd Lozen ac roedd hi'n perthyn i un o lwythi'r Apache, sef rhai o bobl frodorol America oedd yn arfer crwydro'r ardaloedd a elwir heddiw yn Arisona, Mecsico Newydd a Thecsas.

Pan oedd Lozen yn ferch fach, ymosododd byddin Unol Daleithiau'r America ar yr Apache er mwyn lladrata eu tir. Roedd hi yn frwydr greulon.

Bu Lozen yn llygad-dyst i farwolaeth nifer o aelodau o'i theulu yn yr ymosodiad, ac o'r eiliad honno ymlaen, tyngodd y byddai'n treulio'i bywyd yn amddiffyn ei llwyth a'i phobl.

"Dw i ddim eisiau gwneud gwaith merched a dw i ddim eisiau priodi," meddai wrth ei brawd Victorio. "Dw i eisiau bod yn rhyfelwraig."

Dysgodd Lozen sut i ymladd a hela wrth draed arweinydd y llwyth – Victorio. Ar faes y gad, byddai Victorio wastad eisiau Lozen wrth ei ochr. "Lozen ydy fy llaw dde," meddai. "Cyn gryfed â dyn, yn ddewrach na neb ac yn strategol gyfrwys – mae Lozen yn darian i'w phobl."

Roedd ei gwroldeb a'i chryfder yn chwedlonol. Credai pobl fod ganddi bwerau hudol oedd yn caniatáu iddi ddarogan camau nesaf y gelyn. Maes o law, daeth yn arweinydd ysbrydol y llwyth, ac yn iachawraig.

Ar ôl i'w brawd farw, ymunodd Lozen â'r arweinydd Apache enwog, Geronimo.

Yn y diwedd, fe'i cipiwyd gan fyddin Unol Daleithiau'r America, ynghyd â'r criw olaf o Apaches rhydd, ond bydd y cof amdani'n parhau yng nghalonnau'r sawl sy'n dal i frwydro dros ryddid. Lozen - arwres i'w phobl, a'i henw yn cynrychioli dewrder i'r llwyth.

TUA DIWEDD Y 1840AU – 1886
UNOL DALEITHIAU'R AMERICA

DARLUN GAN
MALIN ROSENQVIST

"YN Y BYD HWN, MAE'R
ANWELEDIG YN RYMUS."
– LOZEN

MAE C. JEMISON

GOFODWRAIG A MEDDYG

Un tro, roedd yna ferch chwilfrydig o'r enw Mae oedd yn cael trafferth penderfynu beth oedd hi eisiau'i wneud pan fyddai'n tyfu'n fawr.

Weithiau, pan fyddai'n gwnïo dillad ar gyfer ei doliau Barbie, byddai eisiau bod yn gynllunydd dillad. Dro arall, pan fyddai'n darllen llyfr am deithio drwy'r gofod, byddai eisiau bod yn ofodwraig. Wrth drwsio tegan un tro, meddyliodd y gallai fod yn beiriannydd ardderchog, ond dro arall, pan aeth i'r theatr, cyhoeddodd, "Bosib mai dawnswraig fydda i."

Drwy lygaid Mae, un labordy mawr oedd y byd, ac roedd hi ar dân eisiau gwneud pob mathau o arbrofion. Astudiodd Beirianneg Gemegol, Astudiaethau Affricanaidd-Americanaidd a Meddygaeth, a dysgodd siarad Rwsieg, Swahili a Siapanaeg. Daeth yn feddyg ac aeth i Gambodia a Sierra Leone i wneud gwaith gwirfoddol, cyn gwneud cais i NASA, asiantaeth ofod yr Unol Daleithiau, er mwyn cael bod yn ofodwraig. Fe'i derbyniwyd ac ar ôl blwyddyn o hyfforddiant, cafodd ei hanfon i'r gofod ar wennol ofod.

Ond fedrai hi ddim rhoi'r gorau i arbrofi, felly arbrofodd ar aelodau eraill o'r criw. Gan ei bod yn feddyg yn ogystal â gofodwraig, roedd hi'n awyddus i ddod i wybod mwy am ddiffyg pwysau a salwch teithio – sy'n medru bod yn dipyn o broblem pan wyt ti'n arnofio ben i waered yn y gofod!

Er iddi fwynhau ei chyfnod yn y gofod, pan ddychwelodd i'r ddaear, sylweddolodd mai ei chenhadaeth oedd diwygio'r system iechyd yn Affrica. Felly ffarweliodd â NASA a sefydlodd gwmni sy'n defnyddio lloerennau a thechnoleg i helpu â'r gwaith pwysig hwnnw.

Mae Jemison oedd yr Americanes gyntaf o dras Affricanaidd i fynd i'r gofod.

GANWYD 17 HYDREF 1956
UNOL DALEITHIAU'R AMERICA

DARLUN GAN
KARABO MOLETSANE

"FE WYDDWN O'R
DECHRAU Y BYDDWN
'N MYND I'R GOFOD."
– MAE C. JEMISON

• MALALA YOUSAFZAI •

Un tro, roedd yna ferch oedd wrth ei bodd yn mynd i'r ysgol. Ei henw oedd Malala.

Roedd Malala yn byw mewn dyffryn tawel ym Mhacistan. Un dydd, daeth grŵp o ddynion arfog yno o'r enw'r Taliban, a chymryd rheolaeth dros y dyffryn, gan ddychryn pobl gyda'u gynnau.

Cafodd merched eu gwahardd rhag mynd i'r ysgol. Er bod nifer o bobl yn anghytuno'n ddistaw bach, roedden nhw'n teimlo y byddai'n well iddyn nhw ufuddhau, a chadw eu merched gartref.

Roedd Malala'n argyhoeddedig fod hyn yn gwbl annheg a dechreuodd fynegi ei barn ar y we. Un diwrnod, dywedodd Malala ar raglen deledu, "Mae addysg yn rhoi grym yn nwylo merched. Mae'r Taliban yn cau ysgolion i ferched oherwydd eu bod eisiau sicrhau nad yw merched yn bwerus."

Rai dyddiau'n ddiweddarach, roedd Malala'n teithio ar y bws i'r ysgol, fel arfer. Yn sydyn, cafodd y bws ei stopio gan ddau ddyn o'r Taliban a waeddodd, "P'run ohonoch chi ydy Malala?" Pan giledrychodd ei ffrindiau arni, taniodd y Taliban eu gynnau gan saethu Malala yn ei phen.

Rhuthrwyd Malala i'r ysbyty, ac yn rhyfeddol, fe oroesodd yr ymosodiad. Anfonodd miloedd o blant gardiau 'Brysia Wella' ati, ac fe ddaeth ati'i hun yn gynt nag y gallai neb fod wedi'i ddychmygu. "Roedden nhw'n meddwl bod modd ein tawelu ni gyda'u bwledi, ond roedden nhw'n anghywir," meddai. "Gadewch i ni godi ein llyfrau a'n pensiliau. Dyma'n harfau mwyaf pwerus. Gall un plentyn, un athro, un llyfr, un bensil drawsnewid y byd."

Malala yw'r person ieuengaf erioed i dderbyn Gwobr Heddwch Nobel.

GANWYD 12 GORFFENNAF 1997

PACISTAN

· MANAL AL-SHARIF ·

YMGYRCHYDD HAWLIAU MERCHED

Un tro, roedd yna ferch oedd eisiau gyrru car.

Ond roedd hi'n byw yn Sawdi Arabia, a dydy merched ddim yn cael gyrru ceir yno oherwydd rheolau crefyddol y wlad.

Un diwrnod penderfynodd Manal dorri'r rheolau.

Cafodd fenthyg car ei brawd, a gyrrodd o gwmpas strydoedd y ddinas.

Rhoddodd fideo ar YouTube oedd yn ei dangos wrth y llyw. Gobeithiai y byddai merched eraill yn gweld y fideo ac yn magu'r hyder i herio'r drefn, fel y gwnaeth hi.

"Os ydy dynion yn cael gyrru, pam na chawn ninnau?" meddai Manal yn y fideo.

Cwestiwn digon teg, ond roedd yr awdurdodau crefyddol yn gandryll.

"Beth petai merched eraill yn dechrau gyrru hefyd? Fe fyddai hi'n draed moch yma," oedd eu cwyn.

Felly, rai dyddiau'n ddiweddarach, arestiwyd Manal ac roedd rhaid iddi dyngu llw na fyddai'n gyrru byth eto.

Ond yn y cyfamser, roedd miloedd o bobl wedi gwylio'r fideo ar y we. Rai wythnosau'n ddiweddarach, mentrodd cannoedd o ferched dewr Sawdi i sedd y gyrrwr, gan herio'r awdurdodau crefyddol.

Taflwyd Manal i'r carchar unwaith eto ond nid oedd modd ei thawelu ac mae hi'n parhau i godi llais ac annog merched i frwydro dros eu hawliau.

"Peidiwch â holi pryd y bydd y gwaharddiad yn dod i ben. Ewch allan a gyrru."

GANWYD 25 EBRILL 1979

SAWDI ARABIA

DARLUN GAN
KATE PRIOR

"EWCH ALLAN A GYRRU."
– MANAL AL-SHARIF

• MARGARET HAMILTON •

GWYDDONYDD CYFRIFIADUROL

Un tro, roedd yna ferch a roddodd ddyn ar y Lleuad. Ei henw oedd Margaret ac roedd hi'n deall cyfrifiaduron i'r dim.

Dim ond pedair ar hugain oed oedd hi pan ymunodd â NASA. Er mwyn ennill bara menyn i gynnal ei gŵr a'i merch yr aeth yno i weithio yn wreiddiol, ac ychydig a wyddai y byddai, maes o law, yn arwain chwyldro gwyddonol a oedd i drawsnewid y byd.

Peiriannydd oedd Margaret, a hi oedd yn arwain y tîm fu'n rhaglennu'r côd a alluogodd i'r llong ofod *Apollo 11* lanio'n ddiogel ar wyneb y Lleuad.

Ar y penwythnosau a gyda'r nos, byddai Margaret yn dod â'i merch bedair oed, Lauren, i'r gwaith. Tra byddai Lauren yn cysgu, byddai ei mam yn rhaglennu fel y gwynt, gan greu dilyniant o godau i'w hychwanegu at fodiwl rheoli *Apollo 11*.

Ar 20 Gorffennaf 1969, funudau yn unig cyn i *Apollo 11* lanio ar y Lleuad, dechreuodd y cyfrifiadur boeri negeseuon bod gwallau ar y system. Roedd yr holl daith yn y fantol. Ond yn ffodus, roedd Margaret wedi gosod y cyfrifiadur i ganolbwyntio ar y brif dasg gan anwybyddu popeth arall. Felly yn hytrach na gorfod dod â'r daith i ben, glaniwyd *Apollo 11* yn ddiogel ar y Lleuad.

Cyfeirir at laniad *Apollo 11* ar y Lleuad fel "un cam bach i ddyn; un cam anferth i ddynoliaeth." Fyddai hynny heb ddigwydd o gwbl oni bai am un ferch arbennig a phwyllog, a chanddi sgiliau rhaglennu heb eu hail – y peiriannydd NASA Margaret Hamilton.

GANWYD 17 AWST 1936
UNOL DALEITHIAU'R AMERICA

"ROEDDWN I YNGHLWM Â PHOB
TAITH APOLLO I'R GOFOD."
– MARGARET HAMILTON

• MARGHERITA HACK •

ASTROFFISEGYDD

Un tro, ar y Via delle Cento Stelle ('Stryd y Cannoedd o Sêr') yn Fflorens, ganwyd merch fach. Ei henw oedd Margherita a byddai'n tyfu i fod yn astroffisegydd gwych, sef gwyddonydd sy'n astudio nodweddion y sêr a'r planedau.

Tra oedd hi'n astudio Ffiseg, cynyddodd ei diddordeb yn y sêr: "Rydym yn rhan o esblygiad y bydysawd," meddai. "O'r calsiwm yn ein hesgyrn i'r haearn yn ein gwaed, rydym wedi ein creu o elfennau a ddeilliwyd o grombil y sêr. Ni ydy 'plant y sêr'."

Hoff le Margherita oedd Arsyllfa Arcetri. Fry ar fryn ger Fflorens, byddai'n gwylio'r wybren drwy delesgop enfawr, ei meddwl yn llawn cwestiynau: Sut mae galaethau'n esblygu? Pa mor bell oddi wrth ei gilydd mae'r sêr? Beth allwn ni ei ddysgu gan olau'r sêr?

Teithiodd Margherita ledled y byd yn darlithio ac yn ysbrydoli pobl eraill i astudio'r sêr. Yn ôl yn Trieste, daeth yn gyfarwyddwr benywaidd cyntaf ar arsyllfa astronomegol.

Dywedodd Margherita mai sêr oedd rhai o'i ffrindiau pennaf. Eu henwau oedd Eta Boo, Tauri, Zeta Her, Omega Tau a 55 Cygni. Enwyd asteroid ar ei hôl, hyd yn oed!

I Margherita, roedd bod yn wyddonydd yn golygu seilio gwybodaeth ar ffeithiau, arsylwadau ac arbrofion, a bod yn ddi-ben-draw o chwilfrydig ynglŷn â holl ddirgelion bywyd.

12 MEHEFIN 1922 – 29 MEHEFIN 2013
YR EIDAL

DARLUN GAN
GRISTINA SPANÒ

"DYDY'R SÊR YN DDIM GWAHANOL
I NI: MAEN NHW'N CAEL EU GENI,
MAEN NHW'N HENEIDDIO, MAEN
NHW'N MARW."
– MARGHERITA HACK

MARIA CALLAS

CANTORES OPERA

Merch drwsgl ac amhoblogaidd oedd Maria.

Roedd hi'n argyhoeddedig fod ei mam yn caru ei chwaer yn fwy na hi; wedi'r cyfan, roedd ei chwaer yn deneuach, yn dlysach ac yn fwy poblogaidd na hi.

Ond un dydd, sylweddolodd ei mam fod gan Maria lais mor swynol ag eos. Fe'i perswadiodd i ganu er mwyn ennill ychydig o arian ar gyfer y teulu. Ceisiodd ei mam gael lle iddi yn y National Conservatoire yn Athen, ond cafodd Maria ei throi ymaith am nad oedd hi wedi derbyn unrhyw hyfforddiant ffurfiol. Felly anfonodd ei mam hi at athrawes breifat.

Y tro cyntaf i'w hathrawes ei chlywed yn canu, roedd hi'n gegrwth. Doedd hi erioed wedi clywed llais mor bêr. O fewn ychydig fisoedd roedd Maria wedi mestrioli'r *arias* anoddaf i gyd ond yn fwy na hynny, roedd ei llais hi'n treiddio'n syth i fyw'r enaid.

Yr eildro iddi roi cynnig arni, derbyniwyd Maria i'r National Conservatoire â breichiau agored.

Un noson, ymddangosodd ar lwyfan y tŷ opera mwyaf clodwiw yn y byd am y tro cyntaf: La Scala ym Milan. Pan ganodd Maria, swynwyd y gynulleidfa ac fe'u cludwyd i le llawn angerdd, cynddaredd, gorfoledd a chariad. Ar ddiwedd y perfformiad, llamodd pawb ar eu traed gan guro dwylo a gweiddi a britho'r llwyfan â rhosod.

Daethpwyd i adnabod Maria fel 'La Divina' ('Y Ddwyfol Un') – y soprano enwocaf a fu erioed.

2 RHAGFYR 1923 – 16 MEDI 1977
GWLAD GROEG

DARLUN GAN
MARTA SIGNORI

"FE FYDDA I MOR
STYFNIG AG SYDD RAID
ER MWYN CYFLAWNI'R
GWAITH GORAU."
– MARIA CALLAS

MARIA MONTESSORI

MEDDYG AC ADDYSGWRAIG

Un tro, roedd yna athrawes oedd yn gweithio gyda phlant anabl. Roedd hi hefyd yn feddyg, a'i henw oedd Maria.

Yn hytrach na dibynnu ar y ffyrdd traddodiadol o ddysgu, penderfynodd Maria astudio ymddygiad plant er mwyn deall sut y maen nhw'n dysgu, ac yna seilio ei dull o ddysgu ar ei darganfyddiadau. Yn ysgol Maria, doedd plant ddim yn cael eu gorfodi i wneud yr hyn a ddywedai'r athrawon wrthyn nhw. Yn hytrach, câi'r plant grwydro fel y mynnen nhw a dewis pa bynnag weithgarwch oedd yn apelio atyn nhw.

Roedd technegau dyfeisgar Maria yn effeithiol tu hwnt wrth addysgu plant anabl. O ganlyniad, penderfynodd agor ysgol ar gyfer plant o bob math gan weithredu'r un dulliau dysgu. Galwodd yr ysgol yn Tŷ'r Plant.

Creodd Maria ddodrefn bach ar gyfer Tŷ'r Plant – cadeiriau bychain, ysgafn y gallai plant eu symud yn hawdd, a silffoedd isel fel y gallen nhw estyn pethau heb help llaw oedolion.

Dyfeisiodd Maria deganau hefyd, sy'n annog plant i ddarganfod y byd mewn ffyrdd ymarferol ac annibynnol. Yn ei dosbarthiadau, byddai plant yn darganfod sut i agor a chau botymau eu crysau, sut i gario gwydraid o ddŵr heb golli diferyn, a sut i osod y bwrdd eu hunain.

"Dylem ddysgu plant i fod yn hunangynhaliol," meddai. "Os ydyn nhw'n gwybod sut i glymu careiau eu hesgidiau a sut i wisgo amdanyn nhw, fe fyddan nhw'n teimlo'r balchder a'r hapusrwydd a ddaw yn sgil y rhyddid hwnnw."

Erbyn hyn, defnyddir dull Maria Montessori mewn miloedd o ysgolion ledled y byd, gan helpu plant i dyfu'n oedolion annibynnol a chryf.

31 AWST 1870 – 6 MAI 1952

YR EIDAL

"PEIDIWCH BYTH Â
HELPU PLENTYN I
WNEUD RHYWBETH Y
MAE'N TYBIO Y GALL EI
WNEUD EI HUN."
– MARIA MONTESSORI

MARIA REICHE

ARCHAEOLEGYDD

Un tro, mewn tŷ bach yn anialwch Periw, roedd yna fathemategydd anturus o'r enw Maria Reiche yn byw. Roedd Maria wedi symud yno o'r Almaen.

Gerllaw cartref Maria roedd cannoedd o linellau wedi'u hysgythru ar greigiau sych. Wyddai neb beth oedd eu pwrpas, na pham yr oedden nhw yno, nac ers pryd.

Cafodd Maria ei chyfareddu'n llwyr gan y llinellau dirgel yma a elwir yn Llinellau Nazca. Ceisiodd eu mapio drwy hedfan awyrennau a hofrenyddion uwch eu pennau, a phan nad oedd awyrennau ar gael, byddai'n dringo'r ysgol uchaf y gallai ddod o hyd iddi, er mwyn astudio'r llinellau oddi fry. Roedd rhai llinellau'n llwch i gyd, a defnyddiai Maria ysgubau i'w glanhau. Roedd ganddi gynifer o ysgubau, credai rhai pobl mai gwrach oedd hi!

Wrth astudio'r llinellau, darganfyddodd Maria rywbeth anhygoel. Nid crafiadau diamcan, ar hap oedden nhw, ond darluniau anferthol a gafodd eu creu gan y bobl oedd yn byw yno filoedd o flynyddoedd yn ôl. Roedd yna lun o aderyn bach y si, llun o ddwylo wedi'u plethu, llun o flodau, llun o bry cop enfawr – a phob mathau o siapiau geometrig!

Pam fod y bobl hynafol yma wedi creu darluniau nad oedd modd eu gweld dim ond o'r awyr? Beth oedden nhw? Dyma ddirgelwch yr oedd Maria'n benderfynol o'i ddatrys. Darganfyddodd fod y llinellau'n cyfateb i'r clystyrau o sêr yn awyr y nos. "Mae o fel map enfawr o'r nefoedd," meddai.

Doedd Maria ddim yn disgwyl dod o hyd i ddarluniau enfawr, dirgel pan symudodd o'r Almaen i Beriw. Ond o'r eiliad y gwelodd y llinellau, gwyddai y gallai dreulio gweddill ei bywyd yn ceisio dod i'w deall, a chysylltir Maria hyd y dydd heddiw â'r llinellau hynod ym Mheriw.

15 MAI 1903 – 8 MEHEFIN 1998

YR ALMAEN

"PAN GYRHAEDDAIS I BERIW
O'R MÔR, HWYLIODD Y LLONG
DRWY GANOL RHESAID O BEDAIR
ENFYS: PEDWAR BWA, BOB UN Y
TU MEWN I UN ARALL."
– MARIA REICHE

· MARIA SIBYLLA MERIAN ·

NATURIAETHWRAIG

Un tro, roedd yna ferch fach oedd wedi gwirioni â chelf. Bob dydd, byddai Maria'n casglu blodau er mwyn gwneud paentiadau ohonyn nhw. Weithiau, ymysg y blodau, byddai'n dod o hyd i lindysau, a byddai'n tynnu lluniau o'r ffordd yr oedden nhw'n troi, fesul cam, yn löynnod byw hardd.

Ar y pryd, credai pobl fod glöynnod byw, drwy ryw ledrith, yn tarddu o fwd. Gwyddai Maria nad oedd hynny'n wir o gwbl, ond doedd neb yn ei chredu.

Aeth blynyddoedd heibio, a daeth Maria yn artist dyfrliw medrus iawn. Ysgrifennodd am ei darganfyddiadau yn Almaeneg, ond ar y pryd, dim ond llyfrau gwyddonol yn Lladin a oedd yn cael unrhyw sylw.

Un diwrnod, penderfynodd Maria a'i merch symud i ddinas newydd: Amsterdam. Yn y fan honno, gwelodd Maria flychau arddangos yn llawn trychfilod egsotig a gasglwyd o Dde America.

Meddyliodd Maria, "Petawn i'n gallu astudio'r trychfilod yma yn eu cynefin naturiol, gallwn ysgrifennu llyfr y byddai pobl yn ei ddarllen."

Gwerthodd ei phaentiadau a chodi angor am Dde America. Yn fforestydd glaw y Suriname, dringodd Maria a'i merch goed tal, trofannol er mwyn astudio'r trychfilod yn eu cynefin uchel. Ysgrifennodd Maria lyfr newydd yn Lladin, a'r tro hwn roedd yn llwyddiant ysgubol. A dyna sut y daeth pawb i wybod mai o lindysau y daw glöynnod byw, nid o fwd! Enw'r broses ydy metamorffosis (o'r gair Lladin sy'n golygu 'newid siâp'). Heddiw, gwyddwn fod nifer o anifeiliaid yn newid ffurf: llyffantod, gwyfynod, chwilod, crancod – ac mae'r diolch am yr wybodaeth honno i waith Maria Sibylla Merian!

2 EBRILL 1647 – 13 IONAWR 1717

YR ALMAEN

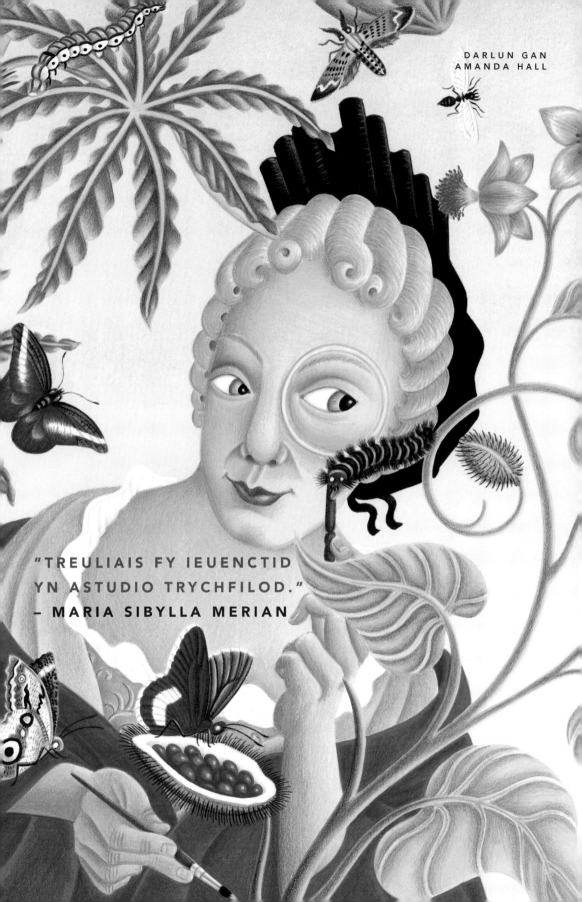

DARLUN GAN
AMANDA HALL

"TREULIAIS FY IEUENCTID
YN ASTUDIO TRYCHFILOD."
– MARIA SIBYLLA MERIAN

• MARIE CURIE •

GWYDDONYDD

Un tro, yng Ngwlad Pwyl, roedd yna ysgol gudd, gyfrinachol.

Ar y pryd roedd llywodraeth y wlad yn llym iawn ynglŷn â'r hyn y câi pobl ei astudio, a'r hyn na chaen nhw ei astudio. Châi merched ddim mynd i goleg o gwbl!

Roedd Marie a'i chwaer yn fyfyrwyr yn yr ysgol gyfrinachol hon, ond roedden nhw wedi cael llond bol ar guddio'r ffaith.

Un dydd, fe glywson nhw fod yna ysgol ym Mharis o'r enw'r Sorbonne oedd yn derbyn merched, felly penderfynodd y ddwy symud i Ffrainc.

Roedd Marie wrth ei bodd gyda metalau a magnedau. Darganfyddodd fod rhai mineralau'n ymbelydrol; byddai'r rhain yn pelydru'n gryf ac yn tywynnu yn y nos. Er mwyn dadansoddi nodweddion y mineralau, byddai Marie'n eu tanio, eu toddi, eu hidlo ac yn aros ar ei thraed drwy'r nos i'w gwylio'n tywynnu. Caiff ymbelydredd ei ddefnyddio i drin nifer o glefydau ond mae'n gallu bod yn beryglus tu hwnt hefyd. Dychmygwch: er bod blynyddoedd maith wedi pasio, mae llyfrau nodiadau ac offer Marie yn parhau'n ymbelydrol hyd heddiw! Bydd rhaid i chi wisgo dillad a menyg amddiffynnol os ydych am gymryd cip arnyn nhw.

Roedd ei gŵr, Pierre, mor chwilfrydig am ymchwil ei wraig, penderfynodd roi'r gorau i'w waith ei hun (oedd yn ymwneud â chrisialau) er mwyn ymuno â Marie. Gyda'i gilydd, darganfyddodd y ddau elfennau ymbelydrol newydd: poloniwm a radiwm.

Cafodd Marie Curie ddwy Wobr Nobel am ei gwaith. Gallai fod wedi gwneud ei ffortiwn drwy fanteisio ar ei darganfyddiadau ond yn hytrach, sicrhaodd fod ei hymchwil ar gael yn rhad ac am ddim i bawb.

---

7 TACHWEDD 1867 – 4 GORFFENNAF 1934
GWLAD PWYL

DARLUN GAN
CLAUDIA CARIERI

"DOES DIM ANGEN
OFNI PETHAU MEWN
BYWYD, DIM OND
EU DEALL."
– MARIE CURIE

MARY ANNING

PALEONTOLEGYDD

Un tro, mewn tŷ bychan bach ar arfordir deheuol Lloegr, roedd yna ferch o'r enw Mary yn byw. Roedd stormydd a llifogydd yn gyfarwydd iawn iddi, gan bod ei chartref mor agos at y môr.

Yn aml, byddai'r gwyntoedd a'r stormydd a chwipiai ar draws yr arfordir yn datgelu ffosiliau yn y clogwyni ar hyd y glannau. Ffosil ydy gweddillion planhigion neu anifeiliaid cynoesol a fu farw amser maith yn ôl.

Doedd Mary ddim yn gallu mynd i'r ysgol oherwydd bod ei theulu mor dlawd, ond dysgodd ei hun i ddarllen ac ysgrifennu. Astudiodd Ddaeareg er mwyn dysgu mwy am greigiau, ac astudiodd Anatomeg er mwyn dysgu mwy am sgerbydau'r anifeiliaid cynoesol yr oedd hi wedi'u darganfod.

Un dydd, gwelodd siâp od yn ymwthio allan o graig. Dechreuodd Mary forthwylio'r graig yn ofalus tu hwnt. Bob yn dipyn, daeth sgerbwd deg troedfedd ar hugain o hyd i'r golwg. Roedd ganddo big hir, ond nid aderyn oedd o. Roedd ganddo resi o ddannedd miniog ond nid siarc oedd o. Roedd ganddo esgyll, ond nid pysgodyn mohono. Ac roedd ganddo gynffon hir, denau … ie, dyma'r tro cyntaf i rywun ddarganfod y math hwn o ffosil deinasor! Rhoddodd Mary enw arno – yr *ichthyosaur*, sy'n golygu 'madfall-bysgodyn'.

Ar y pryd, credai pobl mai dim ond ychydig filoedd oed oedd y ddaear. Helpodd ffosiliau Mary i brofi'r ddamcaniaeth fod yna fywyd ar y blaned hon gannoedd o filiynau o flynyddoedd yn ôl.

Daeth gwyddonwyr o bedwar ban byd i weld Mary – y gwyddonydd a addysgodd ei hun, ac a oedd wrth ei bodd yn mynd am dro ar lan y môr.

21 MAI 1799 – 9 MAWRTH 1847

LLOEGR

"MAE FY ENW YN ADNABYDDUS
LEDLED EWROP."
– MARY ANNING

· MARY EDWARDS WALKER ·

LLAWFEDDYG

Un tro, roedd yna ferch o'r enw Mary oedd yn gwisgo pa bynnag ddillad a fynnai: bŵts, trowsusau, teis, crysau.

Yn y cyfnod hwnnw, roedd disgwyl i ferched wisgo staesiau tynn a haenau o beisiau o dan eu sgertiau. Roedd dillad o'r fath yn ei gwneud hi'n anodd i symud ac anadlu, hyd yn oed. Ond roedd mam a thad Mary, yn wahanol i rieni ei ffrindiau, yn meddwl y dylai merched gael gwisgo beth bynnag yr hoffen nhw. Credai ei thad – meddyg o gefn gwlad a oedd wedi'i addysgu ei hun – y byddai ei blant yn hapusach ac yn iachach petaen nhw'n gwisgo trowsus cyffordus a chrysau, yn enwedig yn ystod hafau poeth a chwyslyd. Roedd Mary'n ddigon bodlon â hynny – roedd yn llawer gwell ganddi ddillad bechgyn, p'run bynnag.

Cawsai Mary, ei chwiorydd a'i brodyr, eu hannog gan eu tad i astudio'n galed. Roedd Mary'n awyddus i ddilyn ôl troed ei thad a bod yn feddyg, felly aeth i ysgol feddygol a graddio fel un o'r meddygon benywaidd cyntaf yn yr Unol Daleithiau.

Priododd Mary gyd-feddyg a gwisgodd hi drowsus a chôt ar gyfer y seremoni briodas, am bod yn well ganddi hynny na ffrog briodas draddodiadol.

Pan gychwynnodd y Rhyfel Cartref, camodd Mary i'r adwy gan wasanaethu yn y Fyddin Undebol.

Cafodd Mary ei harestio am wisgo dillad dynion fwy nag unwaith. Ond i Mary, nid dillad *dynion* oedden nhw. *Dillad* oedden nhw – a'r cwbl roedd hi'n ei wneud oedd gwisgo pa bynnag ddilledyn oedd yn cymryd ei ffansi.

Achubodd nifer o fywydau yn ystod y Rhyfel Cartref ac fe'i gwobrwywyd â Medal Anrhydeddus y Gyngres pan ddaeth yr ymladd i ben. Gwisgodd y fedal ar hyd ei hoes, ar goler ei chôt, wrth ymyl ei thei.

---

26 TACHWEDD 1832 – 21 CHWEFROR 1919
UNOL DALEITHIAU'R AMERICA

DARLUN GAN
ELIZABETH BADDELEY

"RHOWCH WYBOD I GENEDLAETHAU'R
DYFODOL FOD MERCHED MEWN
LIFRAI MILWROL WEDI CYFRANNU AT
EU RHYDDID HEFYD."
— MARY EDWARDS WALKER

MARY KOM

BOCSWRAIG

Un tro, yn India, roedd yna ferch fach o'r enw Mary.

Roedd teulu Mary'n dlawd fel llygod eglwys ac yn cael trafferth dal dau ben llinyn ynghyd. Am fod arni eisiau bywyd gwell i'w theulu, penderfynodd Mary ddechrau bocsio.

Un diwrnod, yn dalsyth a phenderfynol, aeth Mary at un o'r hyfforddwyr mewn campfa leol gan ofyn iddo ei hyfforddi. "Na wnaf," meddai yntau. "Ti'n rhy fach. Cer o 'ma."

Ond pan oedd yr hyfforddwr wedi gorffen ei waith y diwrnod hwnnw, gwelodd fod Mary yn aros amdano wrth y giât. "Dw i wir isio gwneud hyn," plediodd Mary. "Rhowch fi yn y cylch bocsio."

Dan rwgnach, cytunodd yr hyfforddwr, a dechreuodd Mary wthio ei hun i'r eithaf. Cystadlodd ac enillodd sawl gornest, ond wyddai ei rhieni ddim byd am y peth – ofnai y byddai'n peri gofid iddyn nhw.

Un dydd, darllenodd ei thad ei hanes yn y papur newydd. "Ai ti ydy hon?" gofynnodd. "Ie," meddai Mary yn falch. "Ond beth os cei di ddolur?" gofynnodd ei mam. "Fedrwn ni ddim fforddio talu am feddyg!"

"Fe weithia i'n galed a chynilo cymaint o arian â phosib," addawodd Mary.

Arhosai mewn hosteli, byddai'n bwyta llysiau a reis am nad oedd hi'n gallu fforddio prynu cig, a byddai'n mynd heb frecwast gan mai dim ond digon o arian i brynu dau bryd y dydd oedd ganddi. Er gwaethaf hyn i gyd, daeth yn bencampwraig.

Byddai ei rhieni'n ei gwylio'n cwffio ar y teledu. Cipiodd Mary wobrau rif y gwlith. Enillodd fedal yn y Gemau Olympaidd, hyd yn oed! Roedd trigolion ei phentref yn hynod falch ohoni ac yn bwysicach na dim, roedd hi wedi llwyddo i wireddu ei nod, sef ennill ei bara menyn er mwyn i'w theulu gael byw'n gyfforddus.

GANWYD 1 MAWRTH 1983

INDIA

DARLUN GAN
PRIYA KURIYAN

"FEDRA I DDIM BYW HEB FOCSIO.
DW I WRTH FY MODD YN BOCSIO."
– MARY KOM

MATILDE MONTOYA

MEDDYG

Un tro, roedd yna ddynes o'r enw Soledad yn byw ym Mecsico, ac roedd ganddi ferch o'r enw Matilde. Sylweddolodd Soledad yn eithaf sydyn fod ei merch yn hynod o alluog. Gallai ddarllen ac ysgrifennu yn bedair oed, ac erbyn iddi droi'n un ar ddeg oed, roedd yn amlwg fod ganddi feddwl disglair.

A hithau'n ddim ond yn yn un ar bymtheg oed, dechreuodd hyfforddi i fod yn fydwraig. Ond roedd gan Matilde freuddwyd amgenach – roedd hi eisiau bod yn feddyg.

Pan ymunodd ag Ysgol Feddygaeth Genedlaethol Mecsico, hi oedd yr unig ferch oedd yn astudio yno. Dywedodd nifer o bobl wrthi mai breuddwyd ffôl oedd meddwl y gallai merch fod yn feddyg. Ond roedd ei mam, a nifer o'i ffrindiau, yn ei hannog ac yn gefnogol iawn.

Ar ddiwedd y flwyddyn gyntaf, ceisiodd y brifysgol ddiarddel Matilde.

Ysgrifennodd Matilde lythyr at Arlywydd Mecsico yn gofyn am ei gymorth ac ysgrifennodd hwnnw at y brifysgol yn gofyn iddyn nhw roi'r gorau i'w thrin hi mor annheg. Cwblhaodd ei chwrs ond gwrthododd y brifysgol iddi fynychu'r arholiad olaf.

Unwaith eto, ysgrifennodd Matilde lythyr at yr arlywydd ac unwaith eto roedd yn rhaid iddo ymyrryd er mwyn sicrhau fod Matilde yn cael chwarae teg. Y tro hwn, pasiodd ddeddf oedd yn galluogi pob merch i astudio Meddygaeth a dod yn feddyg.

Teithiodd yr arlywydd ei hun yr holl ffordd i'r brifysgol er mwyn gweld Matilde yn sefyll ei harholiad olaf. Roedd yn ddigwyddiad hanesyddol.

Drannoeth, roedd y papurau newydd ledled y wlad yn dathlu stori 'la Señorita Matilde Montoya', meddyg benywaidd cyntaf Mecsico.

14 MAWRTH 1859 – 26 IONAWR 1939
MECSICO

· MAUD STEVENS WAGNER ·

ARTIST TATŴ

Un tro, roedd yna ferch oedd yn hoffi tatŵs. Maud oedd ei henw ac roedd hi'n berfformwraig syrcas.

Roedd Maud yn awyrgampwraig ac ystumwraig wych. Bob nos, byddai pobl yn heidio i'w gweld hi'n hedfan drwy'r ffurfafen.

Un dydd, daeth Maud ar draws dyn o'r enw Gus Wagner. Roedd ei gorff wedi'i orchuddio â thatŵs amrywiol: mwncïod, pilipalod, llewod, ceffylau, nadroedd, coed, merched – popeth dan yr haul!

Byddai Gus yn arfer dweud, "Darn o gelf ar ddwy droed ydw i!"

Cyfareddwyd Maud gan ei datŵs i'r fath raddau nes iddi gytuno bod yn gariad iddo, ar yr amod y byddai o'n rhoi tatŵ iddi.

Darluniodd Gus datŵ ar ei chorff, ac un arall, ac un arall … nes bod corff Maud wedi'i orchuddio'n gyfan gwbl â thatŵs hefyd.

Roedd Maud yn dysgu'n gyflym ac o fewn dim o dro, roedd hi wedi dechrau darlunio tatŵs ar gyrff perfformwyr syrcas ac aelodau o'r cyhoedd – y cwbl tra oedd hi'n parhau i berfformio fel acrobat mewn syrcasau a charnifalau.

Ar y pryd, roedd tatŵs yn anarferol iawn a byddai pobl yn heidio i'r syrcas i rythu ar ferched hanner noeth a'u crwyn yn inc i gyd.

Roedd Maud a Gus yn cydweithio'n dda ac roedd y ddau'n byw ym mhocedi ei gilydd. Maes o law, fe briododd y ddau gan ledaenu'r gelfyddyd datŵs y tu hwnt i'r syrcas a ledled y byd.

Hyd y gwyddwn, Maud oedd artist tatŵs benywaidd cyntaf yr Unol Daleithiau.

CHWEFROR 1877 – 30 IONAWR 1961
UNOL DALEITHIAU'R AMERICA

DARLUN GAN
GIULIA FLAMINI

"RHO DATŴ I MI."
– MAUD STEVENS WAGNER

MAYA ANGELOU

AWDUR

Un tro, roedd yna ferch fach a wrthododd yngan gair am bum mlynedd. Credai y gallai ei geiriau achosi loes i bobl, felly gwnaeth addewid iddi hi'i hun i beidio â siarad byth eto. Ei henw oedd Maya.

Credai pobl fod Maya yn wallgof, ond yn hytrach, ofn oedd arni. "Dw i'n gwybod y gwnei di siarad eto, ryw ddiwrnod," meddai ei nain wrthi. "Mi ddoi di o hyd i dy lais," dywedodd ei brawd wrthi.

Gwrandawodd Maya ar yr hyn a ddywedodd y ddau, a dechreuodd gadw ar gof bopeth a glywai, a phopeth a ddarllenai: cerddi, caneuon, straeon celwydd golau, sgyrsiau a glywai ar hap. "Roedd o fel chwarae CD. Petai'r awydd yn codi, byddwn yn bwrw golwg drwy f'atgofion a meddwl – dyna'r un dw i am ei glywed heddiw," meddai.

Roedd hi mor dda am gofio popeth, pan ddechreuodd ysgrifennu roedd fel petai cerddoriaeth yn llifo o'i phensil. Ysgrifennodd am ei phlentyndod a'i magwraeth mewn tref lle roedd Americanwyr o dras Affricanaidd yn cael eu trin yn wael oherwydd lliw eu croen.

Daethpwyd i ystyried ei gwaith ysgrifenedig yn llais i'r Mudiad Hawliau Dinesig, a'i geiriau'n berthnasol i bawb oedd yn brwydro dros hawliau Americanwyr o dras Affricanaidd. Byddai'n ein hatgoffa yn gyson y dylai fod gan bawb ohonom hawliau cyfartal, yn ferched a dynion, beth bynnag fo lliw ein crwyn.

Yn ogystal â llyfrau niferus, ysgrifennodd Maya ganeuon, dramâu a ffilmiau, a pherfformiodd fel actor ar sgrin a llwyfan. Dywedodd wrth griw o fyfyrwyr un tro, "Edrychwch arna i – dw i'n groenddu, yn ddynes ac yn dod o dde'r Unol Daleithiau. Edrychwch arna i rŵan ac edrychwch arnoch chi eich hunain. Oes unrhyw beth na fedrwch chi mo'i wneud?"

4 EBRILL 1928 – 28 MAI 2014
UNOL DALEITHIAU'R AMERICA

DARLUN GAN
THANDIWE TSHABALALA

"FY NOD MEWN BYWYD YW GWNEUD MWY
NA DIM OND GOROESI – DW I EISIAU
FFYNNU, A GWNEUD HYNNY GYDAG
ANGERDD, TRUGAREDD, HIWMOR A STEIL."
– MAYA ANGELOU

• MAYA GABEIRA •

SYRFFWRAIG

Un tro, roedd yna ferch oedd yn hoffi tonnau mawr. Nid y math o donnau yr wyt ti'n trochi dy draed ynddyn nhw ar lan y môr, ac nid y math yr wyt ti'n eu gweld o'r pier, hyd yn oed. Hoffai Maya donnau enfawr, anferth, aruthrol o fawr ac roedd hi eisiau bod yn frenhines yr ewyn.

"O, na – ddim eto," gwaredai ei mam, wrth weld ei merch yn codi pac am y traeth unwaith yn rhagor. "Rwyt ti wastad yn wlyb ac yn oer a ti ydy'r unig ferch yng nghanol yr holl ddynion!" Ond doedd Maya yn malio dim – syrffio oedd popeth iddi. "Waeth i'r bechgyn ddod i arfer fy ngweld i," meddai.

Teithiodd dros y byd i gyd yn chwilio am y tonnau mwyaf. Aeth i Awstralia, Hawaï, Portiwgal a Brasil. Byddai'n neidio ar awyren ac yn fwy na bodlon i deithio i unrhyw le er mwyn cydio yn y don fawr nesaf. Unwaith, yn Ne America, syrffiodd Maya don 14 medr o uchder – y don uchaf i unrhyw ferch ei choncro erioed. Enillodd bob cystadleuaeth o bwys, ac ar y pryd, doedd yna neb arall yn y byd yn ennill cymaint o gyflog â hi am syrffio tonnau mawr.

Ond un dydd, tra oedd hi'n syrffio ym Mhortiwgal, cafodd ddamwain hegr. Taranodd llen o ddŵr drosti gan ei llusgo dan y don. Chwalwyd nifer o'i hesgyrn a bu ond y dim iddi foddi, cyn i'w phartner ei hachub a rhoi triniaeth adfywio cardio-pwlmonaidd (CPR) iddi. Ar ôl digwyddiad mor ddychrynllyd, byddai'r rhan fwyaf o bobl yn rhy ofnus i ddychwelyd i'r dŵr, ac yn ystyried newid gyrfa. Ond nid felly Maya.

Cyn gynted ag yr oedd hi'n holliach, dychwelodd Maya yn syth i'r un traeth ym Mhortiwgal. "Dw i wrth fy modd yma," meddai. "Mae brig y don yn epig!"

GANWYD 10 EBRILL 1987

BRASIL

DARLUN GAN
MARTINA PAUKOVA

"RHEDAIS YN AML,
SYRFFIAIS YN AML A
GWEITHIAIS YN GALED."
– MAYA GABEIRA

• MELBA LISTON •

TROMBONYDD

Un tro, roedd yna ferch fach oedd eisiau canu'r trombôn. Ei henw oedd Melba.

Pan oedd hi'n saith oed, daeth siop gerddoriaeth symudol i'r dref lle roedd Melba'n byw. Gwelodd offeryn pres llachar, sgleiniog a gwyddai'n syth fod rhaid iddi ei gael. "Be', hwnna?" gofynnodd ei mam mewn syndod. "I ferch fach bitw fel ti? Mae o'n fwy na ti, bron!" Ond roedd Melba'n benderfynol. "Dw i erioed wedi gweld rhywbeth mor brydferth," meddai.

Canai Melba ei thrombôn bob dydd. Cafodd wersi cerddoriaeth ond yn anffodus, wnaeth hi ddim cymryd at ei hathrawes. "Mi ddysga i ganu'r trombôm fy hun, yn ôl y glust," meddai. Doedd hynny ddim yn hawdd ond roedd Melba wrth ei bodd gyda'r sain beiddgar, eofn a wnâi'r offeryn. O fewn blwyddyn, roedd hi'n ddigon da i ganu unawd trombôn ar yr orsaf radio leol.

Pan oedd hi'n dal yn ei harddegau, teithiodd Melba o amgylch Unol Daleithiau'r America gyda band oedd yn cael ei arwain gan y trympedwr Gerald Wilson. Rai blynyddoedd yn ddiweddarach, gofynnwyd iddi ymuno â Billie Holiday – un o'r cantorion *jazz* gorau erioed – ar daith o Dde America.

Yn anffodus, doedd y daith ddim yn llwyddiant mawr, ac ar ôl i Melba ddychwelyd adref, penderfynodd roi'r ffidil (neu'r trombôn, yn hytrach!) yn y to. Ond methodd â gwneud hynny. Roedd ei chariad tuag at ei hofferyn yn rhy gryf. Cyn pen dim, roedd hi wrthi fel lladd nadroedd unwaith eto, yn ysgrifennu cerddoriaeth a chanu'r trombôn. Recordiodd albwm unigol, *Melba Liston and her 'Bones* (y gair *bones* yn fyr am *trombones*). Gwnaeth drefniannau ar gyfer cerddorion eraill hefyd, gan blethu rhythmau, harmonïau a melodïau i greu caneuon godidog ar gyfer rhai o arwyr *jazz* yr ugeinfed ganrif.

13 IONAWR 1926 – 23 EBRILL 1999
UNOL DALEITHIAU'R AMERICA

"EDRYCHA PA MOR
SGLEINIOG YDY O!"
– MELBA LISTON

• MICHAELA DEPRINCE •

DAWNSWRAIG FALE

Un tro, roedd yna ferch o'r enw Michaela a gollodd ei rhieni mewn rhyfel erchyll.

Roedd Michaela'n dioddef o gyflwr ar y croen o'r enw fitiligo, oedd yn achosi smotiau gwyn ar ei gwddf a'i brest. Roedd y bobl yn y cartref plant yn ei galw yn "ferch y diafol" oherwydd y ffordd yr oedd hi'n edrych. Roedd Michaela druan yn unig ac ofnus. Ond roedd merch arall yn y cartref, oedd hefyd yn teimlo'n unig ac ofnus. Ei henw oedd Mia.

Pan oedd Michaela'n ofnus, byddai Mia'n canu cân iddi. Pan oedd Mia'n methu â chysgu, byddai Michaela'n dweud stori wrthi. Daeth y ddwy yn ffrindiau mynwesol.

Un dydd, pan oedd Michaela'n bedair oed, daeth chwa o wynt â chylchgrawn at gatiau'r cartref plant. Ar y clawr roedd llun o ddawnswraig brydferth, osgeiddig mewn ffrog ddisglair, a'i thraed mewn sliperi sidan. "Balerina ydy hi," esboniodd athrawes Michaela. "Mae hi'n edrych mor hapus," meddai Michaela wrthi'i hun. "Dw i eisiau bod fel hi."

Yn fuan wedyn, aethpwyd â Michaela ar daith hir, a gwahanwyd y ddwy ffrind. Er mwyn ceisio anghofio am ei hofnau a'i hiraeth am Mia, dechreuodd Michaela freuddwydio.

Breuddwydiodd fod ganddi hi a Mia fam, a'i bod hi'n ddawnswraig fale.

Yn rhyfedd ddigon, ar ddiwedd y daith, daeth dynes ati a dweud y byddai'n ei mabwysiadu – a Mia hefyd!

Roedd hanner ei breuddwyd wedi dod yn wir. Ble felly oedd ei thwtw? Dechreuodd chwilota amdano. "Am beth wyt ti'n chwilio?" holodd ei mam newydd. Dangosodd Michaela y cylchgrawn iddi.

"Cei fod yn falerina hefyd, os wyt ti eisiau," meddai ei mam, gyda gwên.

Gwersi bale oedd bywyd Michaela o hynny ymlaen ac erbyn hyn mae hi'n ddawnswraig fale gyda chwmni Bale Cenedlaethol yr Iseldiroedd.

GANWYD 6 IONAWR 1995

SIERRA LEONE

"PAID BYTH AG OFNI BOD YN
BABI COCH MEWN CAE YN
LLAWN O GENNIN PEDR."
– MICHAELA DEPRINCE

MICHELLE OBAMA

CYFREITHWRAIG A CHYN-BRIF FONEDDIGES

Un tro, roedd yna ferch a oedd yn ofni popeth.

Ei henw oedd Michelle Robinson ac roedd hi'n byw yn Chicago gyda'i theulu, mewn fflat ag iddi un ystafell wely.

"Falle nad ydw i'n ddigon clyfar. Falle nad ydw i'n ddigon da," meddai'n ofidus dro ar ôl tro.

"Mi fedri di gyflawni unrhyw beth," meddai ei mam.

"Mae unrhyw beth yn bosib," meddai ei thad.

Gweithiodd Michelle yn galed. Weithiau, byddai ei hathrawon yn ei siarsio i beidio ag anelu mor uchel oherwydd nad oedd ei graddau'n rhy dda. Dywedai rhai pobl na fyddai hi'n cyflawni unrhyw beth o bwys oherwydd mai "dim ond merch groenddu o dde Chicago" oedd hi.

Ond dewisodd Michelle wrando ar eiriau ei rhieni, gan anwybyddu'r lleill. "Mae unrhyw beth yn bosib," meddyliodd. Felly graddiodd o Brifysgol Harvard a daeth yn gyfreithwraig i gwmni mawr. Un dydd, gofynnodd ei phennaeth iddi fentora cyfreithiwr ifanc. Ei enw oedd Barack Hussein Obama.

Syrthiodd y ddau dros eu pennau a'u clustiau mewn cariad ac o fewn ychydig flynyddoedd, roedden nhw'n briod.

Un dydd, dywedodd Barack wrthi ei fod o'n awyddus i fod yn Arlywydd Unol Daleithiau'r America. Tybiai Michelle fod ei gŵr wedi colli ei bwyll, ond wedyn cofiodd y geiriau: "Mi fedri di gyflawni unrhyw beth." Felly gadawodd Michelle ei swydd er mwyn helpu ei gŵr ar ei ymgyrch.

Enillodd Barack yr etholiad (ddwywaith!) a Michelle oedd yr Americanes gyntaf o dras Affricanaidd i fod yn Brif Foneddiges yr Unol Daleithiau. "Chaiff neb ei eni'n glyfar," meddai. "Dim ond drwy roi trwyn ar y maen a gweithio'n galed y daw rhywun yn glyfar."

GANWYD 17 IONAWR 1964
UNOL DALEITHIAU'R AMERICA

"BYDD YN DRIW I TI DY HUN A PHAID
BYTH Â CHAEL DY DYNNU ODDI WRTH
DY FREUDDWYD GAN RYWBETH Y MAE
RHYWUN ARALL WEDI'I DDWEUD."
– MICHELLE OBAMA

• MILLO CASTRO ZALDARRIAGA •

DRYMWRAIG

Un tro, roedd yna ferch fach oedd bron â thorri ei bol eisiau chwarae'r drymiau. Ei henw oedd Millo.

Roedd hi'n byw ar ynys oedd yn llawn cerddoriaeth a lliw a bywyd gwyllt o bob math.

Tybiai pawb ar yr ynys mai offeryn ar gyfer bechgyn oedd y drymiau. "Dos adre', wir," medden nhw. "Chaiff merched ddim gwneud hyn."

Doedd ganddyn nhw ddim syniad mor angerddol y temlai Millo am ei drymiau.

Yn ystod y dydd, byddai Millo'n gwrando ar yr holl synau o'i chwmpas: sŵn y coed palmwydd yn dawnsio yn y gwynt; sŵn adenydd adar bach y si yn curo; sŵn rhywun yn rhoi naid i bwll o ddŵr – *SBLASH!*

Gyda'r nos, byddai'n eistedd ar y traeth ac yn gwrando ar synau'r môr. "Pam na chaf innau ddrymio hefyd?" gofynnai i'r tonnau ewynnog.

Ac yna, un dydd, llwyddodd i berswadio ei thad i adael iddi gael gwers gerddoriaeth. Timbalau, congas, bongos … roedd hi'n cael rhoi tro ar bopeth! Gwnaeth argraff yn syth, a dechreuodd Milla gael gwersi bob dydd.

"Un diwrnod, fe wna i ganu mewn band go iawn," meddai Millo wrthi hi'i hun.

Pan sefydlodd ei chwaer, Cuchito, fand dawns merched cyntaf Ciwba – Anacaona – ymunodd Millo fel drymwraig a hithau'n ddim ond deng mlwydd oed. Cyn pen dim, roedd pawb ar eu traed yn dawnsio i gyfeiliant eu cerddoriaeth.

Daeth Millo yn gerddor byd-enwog a phan oedd hi'n ddim ond pymtheg oed, canodd ym mharti pen-blwydd un o arlywyddion America.

GANWYD TUA 1922

CIWBA

DARLUN GAN
SARAH WILKINS

"MAE MERCHED YN GALLU DRYMIO!"
– MILLO CASTRO ZALDARRIAGA

· Y CHWIORYDD MIRABAL ·

YMGYRCHWYR

Pan ddaeth unben creulon o'r enw Raphael Trujillo i rym yn y Weriniaeth Ddominicaidd, penderfynodd pedair chwaer y bydden nhw'n brwydro dros ryddid. Nhw oedd y Chwiorydd Mirabal: Minerva, Patria, Maria Teresa, a Dedé.

Roedd pobl yn eu galw yn *Las Mariposas* – y glöynnod byw.

Dosbarthon nhw bamffledi a threfnu mudiad i wrthwynebu Trujillo er mwyn dod â democratiaeth yn ôl i'r wlad. Doedd Trujillo ddim yn hoffi hyn o gwbl.

Yn ei farn o, doedd merched fel y chwiorydd Mirabal yn dda i ddim, heblaw bod yn gwmni difyr mewn partïon. Credai y dylai merched ganu ei glodydd o, ddydd a nos; derbyn blodau ac anrhegion dan wenu'n ddel a dweud "diolch". Doedden nhw ddim i fod i godi llais nac anghytuno ar unrhyw gyfrif – ac yn bendant, doedden nhw ddim i fod i geisio dymchwel ei gyfundrefn! Ond roedd annibyniaeth ffyrnig y Glöynnod Byw yn ei ddychryn, felly cynllwyniodd i geisio cau eu cegau.

Taflodd nhw i'r carchar, gwaharddodd nhw rhag ymhél â'r gyfraith, carcharodd Minerva a'i mam mewn stafell westy … aeth mor bell â cheisio hudo Minerva, hyd yn oed! Ond ei wrthod a wnaeth Minerva. Doedd hi ddim ar werth. Doedd arni ddim eisiau bod yn gariad i ormeswr pwerus. Eisiau rhyddid i'w gwlad oedd hi! Ysbrydolwyd y Dominiciaid gan ddewrder y chwiorydd, a chafodd pobl y wlad nerth i wrthwynebu cyfundrefn Trujillo. Ac o'r diwedd, cafodd ei ddisodli.

Yn y Weriniaeth Ddominicaidd heddiw, ar yr obelisg 137 troedfedd y cododd Trujillo i ddathlu ei rym, mae yna furlun yn deyrnged i'r chwiorydd Mirabal – pedwar glöyn byw a heriodd ormeswr.

PATRIA, 27 CHWEFROR 1924 – 25 TACHWEDD 1960; MINERVA 12 MAWRTH 1926 – 25 TACHWEDD 1960; MARIA TERESA 15 HYDREF 1935 – 25 TACHWEDD 1960; DEDE 1 MAWRTH 1925 – 1 CHWEFROR 2014
Y WERINIAETH DDOMINICAIDD

"ALLWN NI DDIM CANIATÁU
I'N PLANT GAEL EU MAGU
YN Y GYFUNDREFN LWGR A
GORMESOL HON."
– PATRIA MIRABAL

DARLUN GAN
RITA PETRUCCIOLI

• MIRIAM MAKEBA •

YMGYRCHYDD A CHANTORES

Ar un adeg, câi pobl De Affrica eu trin yn wahanol iawn i'w gilydd, yn ddibynnol ar liw eu croen.

Roedd hi'n anghyfreithlon i bobl groenddu a chroenwyn dreulio amser gyda'i gilydd, heb sôn am syrthio mewn cariad a chael plant.

Enw'r system greulon hon oedd apartheid.

I'r byd hwn, daeth merch fach oedd wrth ei bodd yn canu. Bob dydd Sul byddai Miriam yn mynd i'r capel gyda'i mam. Roedd hi bron â thorri ei bol eisiau canu yn y côr ac felly bob tro yr oedden nhw'n ymarfer, byddai Miriam yn arfer sleifio i mewn a chuddio yn y cefn.

Pan oedd Miriam yn hŷn, recordiodd dros gant o ganeuon gyda'i grŵp o ferched, y Skylarks.

Canai am fywyd yn Ne Affrica: yr hyn oedd yn ei gwneud yn hapus, yr hyn oedd yn ei gwneud yn drist, yr hyn oedd yn ei gwylltio. Canai am ddawnsio ac am apartheid.

Roedd y bobl wrth eu bodd â chaneuon y band, yn enwedig un o'r enw 'Pata Pata', eu cân fwyaf adnabyddus. Ond doedd y llywodraeth ddim yn hapus gyda'r neges wrthapartheid yng ngherddoriaeth Miriam. Roedden nhw eisiau mygu ei llais. Felly pan aeth Miriam dramor ar daith, fe gipion nhw ei phasbort a gwrthod gadael iddi ddychwelyd i'w gwlad.

Teithiodd Miriam ledled y byd a daeth yn symbol o'r ymgyrch Affricanaidd ddewr dros ryddid a chyfiawnder. Dechreuodd pobl alw Miriam yn "Mama Affrica".

Ar ôl 31 o flynyddoedd, caniatawyd iddi ddychwelyd adref o'r diwedd ac yn fuan iawn wedyn, cafodd apartheid ei ddymchwel.

4 MAWRTH 1932 – 9 TACHWEDD 2008

DE AFFRICA

DARLUN GAN
HELENA MORAIS SOARES

"MAE 'PATA PATA' YN
GWNEUD I BAWB GODI AR EU
TRAED A DECHRAU SYMUD."
– MIRIAM MAKEBA

• MISTY COPELAND •

DAWNSWRAIG FALE

Roedd hi'n noson arbennig iawn pan gamodd Misty ar y llwyfan i ddawnsio'r brif ran mewn bale o'r enw *The Firebird*.

Misty oedd yr unig Americanes o dras Affricanaidd yn un o gwmnïau dawns enwocaf y byd, a dyma oedd y tro cyntaf iddi ddawnsio fel prif falerina.

Cododd y llen a lledodd breichiau Misty fel aderyn wrth iddi droelli *pirouettes* yn osgeiddig a phrancio'n gain ar draws y llwyfan. Roedd y gynulleidfa yn gegrwth.

Pan ollyngwyd y llen ar ddiwedd y sioe, roedd hi'n amlwg fod Misty wedi anafu ei choes a'i bod wedi dawnsio mewn poen erchyll drwy gydol y perfformiad. Roedd ei chrimog chwith wedi'i thorri mewn chwe lle gwahanol ac roedd angen llawdriniaeth arni.

Felly ar yr union noson y gwireddwyd ei breuddwyd bore oes, cafodd wybod bod posiblrwydd na fyddai byth yn dawnsio eto.

Ond i Misty, roedd hynny'n gwbl annerbyniol. Roedd dawnsio'n rhan hanfodol o'i bywyd bellach. Daeth dawns o hyd i Misty pan oedd hi'n dair ar ddeg oed ac yn byw mewn gwesty rhad gyda'i mam a'i phum brawd a chwaer. A daeth dawns o hyd iddi pan oedd hi'n credu na allai hi byth ennill cyflog am wneud rhywbeth yr oedd hi wir yn ei fwynhau.

Felly, cafodd lawdriniaeth, cafodd therapi a gweithiodd yn galetach nag erioed er mwyn bod yn ddigon heini i ddawnsio eto gyda Theatr Bale America. Dawnsiodd yn *Swan Lake*, yn alarch du go iawn, yn gryfach ac yn fwy gosgeiddig nag erioed.

GANWYD 10 MEDI 1982

UNOL DALEITHIAU'R AMERICA

"DAETH DAWNS O HYD I MI."
– MISTY COPELAND

DARLUN GAN
PING ZHU

· NANCY WAKE ·

YSBIWRAIG

Un tro roedd merch a dyfodd i fod yn ysbiwraig. Nancy oedd ei henw.

Pan oedd hi'n un ar bymtheg oed, teithiodd o Awstralia i Loegr ar ei phen ei hun, a pherswadio papur newydd i roi gwaith iddi. Pan gychwynnodd yr Ail Ryfel Byd, ymunodd â'r Gwrthsafiad Ffrengig (y *Maquis*) yn eu brwydr yn erbyn y Natsïaid.

Ar ôl dianc i Loegr, glaniodd Nancy â pharasiwt yn Ffrainc er mwyn hyfforddi a threfnu gwrthsafwyr, ac achub peilotiaid Prydeinig yr oedd eu hawyrennau wedi'u saethu i'r llawr yn Ffrainc. Trefnodd ddogfennau adnabod ffug ar eu cyfer ac wedyn eu hebrwng dros y mynyddoedd i Sbaen, fel y gallen nhw ddychwelyd i Brydain yn ddiogel.

Roedd hi un cam ar y blaen i heddlu cudd yr Almaen (y *Gestapo*) a chyn bo hir, roedd hi ar frig y rhestr o bobl yr oedden nhw'n awyddus i'w hatal. Cafodd lysenw ganddyn nhw – Y Llygoden Wen – oherwydd ei bod hi'n amhosib i'w dal!

Roedd Nancy yn filwres werth ei halen, hefyd. Roedd hi'n anelwraig wych wrth saethu a fyddai hi byth yn gadael i'w nerfau ei threchu. Pan ymosododd yr Almaenwyr ar ei charfan yn ddirybudd, a phan laddwyd un o'r arweinwyr, camodd i'w esgidiau o, a chymryd rheolaeth dros ei adran. Penderfynodd Nancy gilio yn ddi-oed, er mwyn osgoi colli mwy o filwyr.

Pan ddaeth y rhyfel i ben a phan gafodd Ffrainc ei rhyddid, cyflwynodd Prydain wobr i Nancy – Medal Croes Siôr. Rhoddodd Ffrainc dair medal *Croix de Guerre* iddi, ynghyd â'r *Médaille de la Résistance*. Yn ddiweddarach, cafodd wobr yr *Ordre national de la Légion d'honneur*, y wobr uchaf ei bri yn Ffrainc. Gan America, cafodd y Fedal Ryddid.

30 AWST 1912 – 7 AWST 2011
SELAND NEWYDD

DARLUN GAN
MONICA GARWOOD

"AR FY NGWIR! AI ER MWYN
FFRIO WYAU A CHIG MOCH
I'R DYNION Y GOLLYNGODD
Y CYNGHREIRIAID FI Â
PHARASIWT I GANOL FFRAINC?"
– NANCY WAKE

NANNY Y MARWNIAID

BRENHINES

Un tro yn Jamaica, roedd yna gaethforwyn ar ffo. Roedd ei chyndeidiau'n perthyn i deulu brenhinol Affricanaidd. Ei henw oedd y Frenhines Nanny, ac roedd hi'n arweinydd grŵp o gaethweision ar ffo o'r enw'r Marwniaid.

Ar y pryd, Prydain oedd yn rheoli Jamaica. Roedden nhw'n caethiwo Affricanwyr a'u hanfon i Jamaica i weithio ar blanhigfeydd siwgr. Ond roedd y Frenhines Nanny yn ysu am ryddid – iddi hi'i hun a'i phobl – felly aeth ar ffo, gan ryddhau nifer o gaethweision eraill a'u harwain i'r mynyddoedd. Yn y fan honno, adeiladon nhw bentref o'r enw Tref Nanny.

Yr unig ffordd i gyrraedd Tref Nanny oedd drwy lwybr cul yn y jyngl. Cafodd y Marwniaid eu dysgu i orchuddio eu hunain â dail a changhennau er mwyn cuddio eu hunain yn y goedwig.

Pan fyddai'r milwyr Prydenig yn cerdded mewn rhes drwy'r jyngl, wydden nhw ddim eu bod wedi'u hamgylchynu. Ond ar amrantiad, neidiai'r 'coed' o'u cwmpas – ac ymosod arnyn nhw.

Ond doedd bywyd yn Nhref Nanny ddim yn fêl i gyd oherwydd roedd ei thrigolion yn llwgu.

Un noson, yn wan o ddiffyg bwyd ac yn poeni ei henaid am ei phobl, syrthiodd y Frenhines Nanny i drwmgwsg. Daeth un o'i chyndeidiau ati yn ei chwsg, gan ddweud, "Paid â gwangalonni. Mae 'na fwyd gerllaw."

Pan ddeffrodd, gwelodd fod ganddi hadau pwmpen yn ei phoced. Plannodd nhw ar lechwedd bryn cyfagos, a chyn bo hir roedd gan ei llwyth ddigonedd o fwyd.

Byth ers hynny, gelwir y bryn hwnnw ger Tref Nanny yn Fryn y Bwmpen.

TUA 1686 – 1733

JAMAICA

"DW I'N RHYDD RŴAN."
– NANNY Y MARWNIAID

• NELLIE BLY •

Mewn pentref ym Mhensylfania, roedd yna ferch oedd wastad yn gwisgo pinc. Ei henw oedd Nellie.

Pan fu farw ei thad, roedd y teulu'n cael trafferthion ariannol, felly aeth Nellie i chwilio am waith er mwyn helpu ei mam i ddal dau ben llinyn ynghyd.

Un diwrnod, darllenodd Nellie erthygl mewn papur newydd lleol. Roedd yn sôn am 'Bwrpas Merched ar y Ddaear'. Yn yr erthygl, disgrifiwyd merched oedd yn gweithio fel 'angenfilod'; credai awdur yr erthygl mai'r cartref oedd priod le pob merch. Roedd Nellie'n gynddeiriog ac ysgrifennodd lythyr angerddol at olygydd y papur newydd.

Cafodd y golygydd ei phlesio'n arw gan arddull ysgrifenedig Nellie, a chynigiodd swydd iddi fel gohebydd.

Datblygodd Nellie yn newyddiadurwraig ddewr. Symudodd i Efrog Newydd ac ymuno â'r *New York World*, papur newydd oedd yn cael ei reoli gan ddyn enwog o'r enw Joseph Pulitzer. Un tro, cymerodd arni ei bod yn dioddef o salwch meddwl, er mwyn iddi gael ei hanfon i ysbyty meddwl – a hynny er mwyn datgelu pa mor erchyll oedd y driniaeth a gâi'r cleifion yno. Roedd hi'n ddi-ofn, yn drugarog a chlyfar.

Gosododd y papur newydd sialens iddi. Roedd Jules Verne wedi ysgrifennu nofel boblogaidd o'r enw *Around the World in Eighty Days*. Tybed allai Nellie wneud yr un peth mewn llai o amser? Cyn pen dim, roedd Nellie wedi pacio cês bychan ac wedi codi hwyl o Efrog Newydd mewn pacedlong. Gan deithio ar long, trên – ac ar gefn asyn, hyd yn oed! – roedd hi'n benderfynol o dorri'r record. Roedd pobl yn mentro arian ar p'run ai y byddai'n llwyddo ai peidio. O'r diwedd – 72 niwrnod, 6 awr ac 11 munud yn ddiweddarach – cyrhaeddodd 'nôl yn Efrog Newydd. Roedd hi wedi llwyddo!

5 MAI 1864 – 27 IONAWR 1922
UNOL DALEITHIAU'R AMERICA

"DW I ERIOED WEDI YSGRIFENNU GAIR NA DDAETH O FY NGHALON. A WNA I BYTH, CHWAITH."
– NELLIE BLY

THE NE...

NELLIE BLY

BEST REPORTER IN THE U.S.

DARLUN GAN
ZARA PICKEN

· NETTIE STEVENS ·

GENETEGYDD

Un tro, roedd yna athrawes o'r enw Nettie Stevens a benderfynodd ei bod hi eisiau bod yn wyddonydd. Cynilodd ei harian, a phan oedd hi'n 35 oed, symudodd i Galiffornia i fynychu Prifysgol Stanford.

Tra oedd hi yno, gweithiai'n ddiflino ddydd a nos yn ceisio darganfod pam bod bechgyn yn troi'n fechgyn, a merched yn troi'n ferched. Roedd hi bron yn siŵr fod yr ateb i'w ganfod yng nghelloedd y corff.

Roedd y cwestiwn hwn wedi bod yn poeni gwyddonwyr ac athronwyr ledled y byd ers bron i ddwy fil o flynyddoedd. Awgrymwyd pob math o ddamcaniaethau i geisio esbonio'r peth. Dywedai rhai ei fod yn ddibynnol ar dymheredd corff y tad; dywedai eraill mai maeth oedd wrth wraidd y mater … ond y gwir oedd nad oedd neb yn gwybod.

Er mwyn datrys y dirgelwch unwaith ac am byth, dechreuodd Nellie astudio cyrff cynrhon y blawd.

Ar ôl treulio oriau di-ben-draw yn astudio eu celloedd drwy ficrosgop, gwnaeth Nettie ddarganfyddiad hollbwysig. Roedd gan y cynrhon benywaidd 20 gromoson mawr, tra oedd y cynrhon gwrywaidd yn cynnwys 19 cromosom mawr, ac un llai o faint.

"Campus!" meddai Nettie, ei llygaid yn dal i syllu drwy'r microsgop.

Gwnaeth y gwyddonydd Edmund Wilson ddarganfyddiad tebyg tua'r un pryd, ond methodd â sylweddoli pwysigrwydd yr wybodaeth newydd yma. Credai Wilson fod ein hamgylchedd yn cael effaith ar ein rhyw hefyd, ond roedd Nettie'n anghytuno. "Na – y cromosomau'n unig sy'n penderfynu p'run ai merch neu fachgen ydyn ni," mynnodd. Ac roedd hi'n llygad ei lle.

7 GORFFENNAF 1861 – 4 MAI 1912
UNOL DALEITHIAU'R AMERICA

"TRA BYDD BIOLEG YN PARHAU I'M
DIDDORI, CROESAWAF GWESTIYNAU
GAN FYFYRWYR. BYDD FY NIDDORDEB,
GOBEITHIO, YN PARA TRA BYDDAF BYW."
– NETTIE STEVENS

• NINA SIMONE •

CANTORES

Roedd Nina'n ferch ddawnus a hyderus. Yn ddiarwybod i neb, pan fyddai ei mam yn y capel, byddai Nina'n dringo ar fainc yr organ ac yn dysgu'r gân 'God Be with You Till We Meet Again'. Tair oed oedd hi bryd hynny.

Pan oedd hi'n bump oed, prynodd cyflogwr ei mam wersi piano iddi, a dyna'r cam cyntaf ar yrfa ddisglair i Nina fel pianydd clasurol.

Roedd hi'n llawn ymroddiad, yn dalentog tu hwnt ac wastad yn gwneud ei gorau glas.

Pan oedd hi'n ddeuddeg oed, perfformiodd yn ei chyngerdd cyntaf erioed. Roedd ei rhieni'n eistedd yn y rhes flaen ond cawson nhw eu gorfodi i symud i'r cefn i wneud lle i bobl wynion oedd newydd gyrraedd. Gwrthododd Nina ganu nes bod ei rhieni yn ôl yn y seddi blaen.

Rhoddodd Nina ei chalon a'i henaid i'w cherddoriaeth. Roedd hi'n casáu hiliaeth. Roedd arni eisiau i bobl dduon fod yn falch ac yn rhydd, ac roedd hi am iddyn nhw wneud y gorau o'u talentau a'u hangerdd – a hynny'n ddilyffethair.

Dyna'r rheswm yr ysgrifennodd Nina ganeuon fel 'Brown Baby' a 'Young, Gifted and Black'. Gwyddai Nina fod hiliaeth yn cael effaith andwyol ar bobl groenddu ac roedd hi eisiau i'w chaneuon gynnig nerth iddyn nhw. "Y peth gwaethaf am y math yma o ragfarn," meddai, "ydy ei fod o'n dinistrio dy hunanhyder di, yn ogystal â dy gynhyrfu a dy gynddeiriogi. Rwyt ti'n dechrau amau a wyt ti'n ddigon da."

Penderfynodd Nina ganolbwyntio ar ei thalentau yn hytrach na'i hofnau, a daeth yn un o'r cantorion *jazz* enwocaf yn y byd i gyd yn grwn.

21 CHWEFROR 1933 – 21 EBRILL 2003
UNOL DALEITHIAU'R AMERICA

"MI DDYWEDA I WRTHOCH
CHI BETH YDY RHYDDID I MI –
BYW HEB OFN."
– NINA SIMONE

• POLICARPA SALAVARRIETA •

YSBIWRAIG

Un tro, ym Mogotá, Colombia, roedd yna wniadwraig oedd hefyd yn ysbiwraig. Roedd ei henw go iawn yn gyfrinach, ond fel Policarpa Salavarrieta yr oedd y rhan fwyaf o bobl yn ei hadnabod.

Pan oedd hi'n ferch fach, dangosodd ei mam fedydd iddi sut i wnïo. Ychydig a wyddai Policarpa y byddai gan y grefft hon rôl bwysig i'w chwarae yn hanes Colombia ryw ddydd.

Ar y pryd, roedd Colombia dan reolaeth Sbaen. Roedd rhai pobl, y breningarwyr, yn falch fod brenin Sbaen yn teyrnasu yno ac am i'r drefn honno barhau. Ond roedd eraill, a Policarpa yn eu plith, eisiau gweld Colombia yn rhydd – y rhain oedd y chwyldroadwyr.

Cafodd y chwyldroadwyr eu herlid yn ddidrugaredd gan y breningarwyr. Er mwyn osgoi cael ei dal, roedd rhaid i Policarpa newid ei henw dro ar ôl tro.

Am gyfnod, gweithiai Policarpa fel gwniadwraig yn nhai rhai o'r breningarwyr. Tra oedd hi'n brysur yn addasu dillad ar gyfer y merched, byddai hefyd yn clustfeinio ar sgyrsiau'r breningarwyr wrth iddyn nhw gynllwynio. Yna, byddai'n sleifio'r wybodaeth at ei ffrindiau, y chwyldroadwyr.

Un diwrnod, daliodd y breningarwyr negesydd oedd yn cario gwybodaeth a ddaeth yn wreiddiol gan Policarpa. Cafodd ei henw cyfrinachol ei ddatgelu ac fe'i harestiwyd. Dywedwyd wrthi y câi fyw, ond ar un amod – ei bod yn datgelu enwau ei chyfeillion chwyldroadol. Edrychodd i fyw eu llygaid a dweud, "Dw i'n ferch ifanc, a fedrwch chi mo 'nychryn i."

Mae cofio am Policarpa yn parhau i ysbrydoli pobl ledled Colombia a thu hwnt i frwydro'n ddewr dros ryddid a chyfiawnder.

---

26 IONAWR 1795 – 14 TACHWEDD 1817

COLOMBIA

DARLUN GAN
PAOLA ESCOBAR

"MAE GEN I FWY
NA DIGON O
DDEWRDER."
– POLICARPA
SALAVARRIETA

RITA LEVI MONTALCINI

GWYDDONYDD

Pan fu farw ei gwarchodwraig o ganser, penderfynodd Rita mai meddyg roedd hi am fod.

Yn fwy na dim byd arall, niwronau (y celloedd sy'n sail i'n hymennydd) oedd yn mynd â bryd Rita. Ar ôl graddio, felly, aeth Rita i weithio gydag athro eithriadol o'r enw Giuseppe Levi, ynghyd â chriw o gyd-wyddonwyr rhagorol o'i dosbarth yn y brifysgol.

Roedden nhw yng nghanol gwaith ymchwil pwysig pan basiwyd deddf newydd gan unben creulon, yn gwahardd Iddewon rhag gweithio yn y brifysgol.

Aeth Rita ar ffo i Wlad Belg gyda'i hathro, a oedd hefyd yn Iddew. Ond pan gyrhaeddodd y Natsïaid Wlad Belg, doedd ganddi ddim dewis ond dianc eto, a dychwelodd i'r Eidal.

Mae'n anodd bod yn wyddonydd pan mae'n rhaid i ti guddio bob gafael, a phan nad oes gen ti labordy i weithio ynddo – ond doedd digalonni ddim yn ei gwneuthuriad.

Trodd ei hystafell wely yn labordy bychan a hogodd nodwyddau gwnïo er mwyn creu offer llawfeddygol. Ar fwrdd ger ei gwely, byddai'n dadelfennu ieir ac astudio celloedd gyda'i microsgop.

Pan ollyngwyd bomiau ar y ddinas, dihangodd Rita unwaith eto, ac eto wedyn. O guddfan i guddfan, parhaodd i weithio ac ymchwilio – waeth pa mor anodd oedd ei hamgylchiadau.

Dyfarnwyd y Wobr Heddwch Nobel mewn Meddygaeth iddi, am ei gwaith ym maes niwrofioleg. Roedd hynny'n golygu mai hi oedd y trydydd person o'i dosbarth Meddygaeth yn y brifysgol i ennill Gwobr Nobel!

22 EBRILL 1909 – 30 RHAGFYR 2012

YR EIDAL

DARLUN GAN
CRISTINA AMODEO

"UWCHLAW POPETH, PEIDIWCH
AG OFNI CYFNODAU ANODD.
DAW'R SYNIADAU GORAU O'R
CYFNODAU HYNNY."
– RITA LEVI MONTALCINI

· ROSA PARKS ·

YMGYRCHYDD

Un tro, roedd Montgomery yn Alabama yn ddinas wahanedig; golygai hyn fod pobl groenddu a phobl groenwyn yn mynychu ysgolion gwahanol, yn addoli mewn eglwysi gwahanol, yn prynu neges mewn siopau gwahanol, yn teithio mewn lifftiau gwahanol ac yn yfed o ffynhonnau dŵr gwahanol. Roedd pawb yn rhannu'r un bysiau, ond roedd rhaid iddyn nhw eistedd ar wahân: y bobl wynion yn y tu blaen a'r bobl dduon yn y cefn. Yn y byd du a gwyn, rhanedig yma y magwyd Rosa Parks.

Doedd y bobl dduon ddim yn cael unrhyw fath o chwarae teg. Roedden nhw'n drist ac yn chwerw am eu sefyllfa, ond petaen nhw'n protestio, bydden nhw'n cael eu taflu ar eu pennau i'r carchar.

Un dydd, pan oedd Rosa'n 42 oed, roedd hi'n eistedd yng nghefn un o'r bysus ar ei ffordd adref o'r gwaith. Roedd y bws yn orlawn a doedd dim lle yn y tu blaen (yr ardal oedd yn cael ei neilltuo ar gyfer y bobl wynion), felly dywedodd y gyrrwr wrth Rosa am godi o'i sedd yn y cefn er mwyn i berson croenwyn gael eistedd yno.

Gwrthododd Rosa.

O ganlyniad, treuliodd noson yn y carchar, a phrofodd ei gweithred ddewr ei bod hi'n bosib gwrthsefyll anghyfiawnderau yn yr hen fyd yma.

Cyhoeddodd ffrindiau Rosa eu bod am drefnu boicot. Gofynnon nhw i bob person croenddu roi'r gorau i deithio ar fysiau'r ddinas nes y byddai'r ddeddf yn cael ei diwygio. Aeth gair ar led yn sydyn iawn. Dros flwyddyn yn ddiweddarach – 381 diwrnod, a bod yn fanwl gywir – daeth y boicot i ben pan gyhoeddodd llys barn uchaf y wlad fod bysiau gwahanedig fel hyn yn anghyfansoddiadol.

Aeth deng mlynedd arall heibio nes i unrhyw dalaith arall ddilyn ôl troed Alabama, ond ymhen amser, diwygiwyd y ddeddf drwy America benbaladr. Mae'r diolch am hynny i'r gair bach tyngedfennol, dewr hwnnw gan Rosa – 'na'.

4 CHWEFROR 1913 – 24 HYDREF 2005
UNOL DALEITHIAU'R AMERICA

"HOFFWN GAEL FY NGHOFIO FEL
PERSON OEDD EISIAU BOD YN
RHYDD – FEL Y GALL POBL ERAILL
FOD YN RHYDD HEFYD."
– ROSA PARKS

· RUTH BADER GINSBURG ·

USTUS Y GORUCHAF LYS

Un tro, roedd yna ferch oedd yn ysu am gael bod yn gyfreithwraig heb ei hail.

"Cyfreithwraig?" wfftiodd rhai. "Paid â bod mor hurt! Dyn ydy pob cyfreithiwr a barnwr, siŵr!"

Meddyliodd Ruth am y sefyllfa a sylweddoli eu bod yn llygad eu lle. "Ond dydy hynny ddim yn golygu y dylem barhau â'r drefn honno," meddyliodd.

Cafodd ei derbyn i Ysgol y Gyfraith, Harvard lle roedd hi'n fyfyrwraig ddisglair iawn. Roedd ei gŵr, Marty, hefyd yn astudio yn Harvard.

"Dylai dy wraig fod adref yn pobi ac yn edrych ar ôl y babi," meddai rhai. Ond ni thalodd Marty unrhyw sylw. Roedd Ruth yn anobeithiol am goginio! A ph'run bynnag, roedd o wrth ei fodd yn magu eu merch ac roedd o'n hynod o falch o'i wraig wych.

Credai Ruth yn gryf mewn hawliau merched, ac yng Ngoruchaf Lys yr Unol Daleithiau dadleuodd dros chwe achos arwyddocaol yn ymwneud â chydraddoldeb rhyw. Hi oedd yr ail ferch i gael ei dyrchafu'n Ustus yn y Goruchaf Lys yn holl hanes y wlad.

Mae yna naw Ustus yn y llys hwnnw erbyn hyn. "Pan fydd pobl yn gofyn i mi sawl merch a ddylai fod yn y Goruchaf Lys, mi fydda i'n dweud, 'Naw'. Mae pobl yn synnu pan dw i'n dweud hynny, ond mae 'na naw dyn wedi bod yno erioed, a does 'na neb yn rhyfeddu at hynny."

A hithau yn ei hwythdegau, mae Ruth yn gwneud ugain *push-up* bob dydd ac mae hi'n eicon ffasiwn, diolch i'r coleri ysblennydd mae hi'n eu gwisgo gyda'i gwisg swyddogol yn y llys.

GANWYD 15 MAWRTH 1933
UNOL DALEITHIAU'R AMERICA

DARLUN GAN
ELEANOR DAVIS

"DW I'N ANGHYDFFURFIO."
– RUTH BADER GINSBURG

· RUTH HARKNESS ·

ANTURIAETHWRAIG

Amser maith yn ôl, doedd yr un sw yn gwybod llawer am y ffordd orau o ofalu am yr anifeiliaid a oedd yn eu gofal. Roedd hi'n beth prin i anifail egsotig oroesi'r daith o'i wlad enedigol, felly byddai ymwelwyr i'r sw wedi hen arfer â gweld anifeiliaid marw wedi'u stwffio. Roedd hi'n anodd cydymdeimlo ag anifail wedi'i stwffio.

Felly pan benderfynodd dyn o'r enw Bill ddod â phanda byw yn ôl o Tsieina i'r Unol Daleithiau, roedd hynny'n dipyn o sialens. Ond yn anffodus, bu farw Bill tra oedd yn Tsieina.

Cynllunydd dillad yn Efrog Newydd oedd Ruth, gweddw Bill, a doedd hi'n gwybod y nesaf peth i ddim am Tsieina. Ond roedd hi'n hiraethu'n arw am ei gŵr ac yn teimlo'n barod am antur, felly meddyliodd: "Mi wna i orffen yr hyn yr aeth Bill i Tsieina i'w wneud. Mi af i yno a dod â phanda byw yn ôl efo fi."

Yn Tsieina, cerddodd Ruth drwy goedwigoedd trwchus, dringodd i gyrraedd mynachlogydd hynafol, dilynodd afonydd yn ystod y dydd a chyneuodd danau fin nos.

Un noson, clywodd sŵn yn nhywyllwch y goedwig. Aeth Ruth ar drywydd y sŵn a gwelodd fabi panda mewn ceubren. Fe'i daliodd yn ei breichiau am sbel ond doedd ganddi ddim syniad beth i'w wneud ag o. Rhoddodd lefrith iddo ac aeth i'r ddinas agosaf i brynu côt ffwr iddi hi'i hun, er mwyn i'r panda bach deimlo'n gartrefol pan fyddai hi'n ei fagu.

Galwodd Ruth y panda yn Su Lin, a daeth ag o yr holl ffordd i Sw Chicago yn America. Heidiodd degau o filoedd o bobl yno er mwyn gweld Su Lin, gan ddysgu bod pob anifail gwyllt yn haeddu parch a chariad.

21 MEDI 1900 – 20 GORFFENNAF 1947
UNOL DALEITHIAU'R AMERICA

DARLUN GAN
CLAUDIA CARIERI

"DOES GEN I DDIM ... IIAD A ... DD
HI'N BOSIB CAEL ... PE DIO,
OND OS YDY'R PE ... YNA
DW I'N SIŴR Y GWNA ... "
– RUTH HARKNESS

• SEONDEOK O SILLA •

BRENHINES

Un tro, yn Silla, un o dair teyrnas Corea, cafodd merch glyfar, bedair ar ddeg oed, ei gwneud yn frenhines.

Doedd uchelwr o'r enw yr Arglwydd Bidam ddim yn fodlon o gwbl ynglŷn â'r penderfyniad, a bu gwrthryfel chwyrn. "All merched ddim teyrnasu!" gwaeddai'r Arglwydd Bidam a'i gefnogwyr. Gwelodd yr Arglwydd Bidam seren wib un noson, a chredai fod hynny'n arwydd y byddai teyrnasiad Seondeok yn dymchwel cyn hir.

Ond, llosgodd hithau farcud a'i hedfan, gan ddweud wrth y bobl bod ei seren yn ôl yn yr wybren, ac felly y dylai hi gadw'i lle ar yr orsedd.

Nid dyna'r tro cyntaf i Seondeok ryfeddu pobl â'i meddwl craff. Pan oedd hi'n blentyn, rhoddodd Ymerawdwr Tsieina anrheg i'w thad, y brenin, sef darlun o babïau a phecyn o hadau pabi. "Bydd y rhain yn flodau tlws," meddai Seondeok, gan edrych ar y llun ar y pecyn. "Trueni na fyddan nhw'n arogli'n bêr."

"Sut y gwyddost ti na fyddan nhw?" gofynnodd ei thad.

"Petai 'na arogl arnyn nhw, byddai 'na lun o wenyn neu bilipala ar y pecyn hefyd," atebodd hithau.

Pan flagurodd y blodau, gwelodd y brenin ei bod hi'n iawn. Roedden nhw'n gwbl ddiarogl.

Anfonodd y frenhines ifanc ysgolheigion a myfyrwyr i Tsieina i ddysgu ieithoedd ac arferion Tsieineaidd, gan sefydlu cyfeillgarwch cryf rhwng y ddwy wlad.

Seondeok oedd brenhines gyntaf Silla, ar ôl teyrnasiad 26 brenin.

"YR HYN SY'N ANODDACH
NAG ENNILL FFYDD
POBL YW GORFOD CEFNU
ARNYN NHW."
– SEONDEOK
O SILLA

• SERENA A VENUS WILLIAMS •

CHWARAEWYR TENNIS

Un tro, roedd yna ddyn o'r enw Raul. Roedd ganddo stondin yn gwerthu tacos, math o fwyd Mecsicanaidd, ar gornel stryd yn ninas Compton yn America.

Bob dydd, byddai Raul yn gweld dyn yn cerdded heibio gyda'i ddwy ferch, ar eu ffordd i gwrt tennis cyfagos. Enw'r dyn hwnnw oedd Richard Williams a'i ferched oedd Venus a Serena. Bob dydd, byddai Richard yn cludo basged yn llawn peli tennis i'r cwrt ac yn dysgu ei ferched sut i chwarae.

Dim ond pedair oed oedd Serena ar y pryd. Roedd hi mor fach, doedd ei thraed hi ddim yn cyffwrdd y llawr pan eisteddai ar y fainc. Byddai ei thad yn trefnu ei bod yn chwarae mewn twrnamentau a hi fyddai'r ferch ieuengaf fel rheol – ond doedd hynny ddim yn ei hatal rhag ennill.

Roedd yna griwiau o blant a phobl ifainc a fyddai'n arfer gwneud drygau a chodi stŵr ar strydoedd Compton, ond pan welson nhw Venus a Serena'n chwarae tennis, roedd fel petai'r chwiorydd, a'u hangerdd a'u dycnwch, yn eu hysbrydoli. Byddai'r criwiau'n heidio at y cwrt tennis, yn gegrwth wrth wylio'r chwiorydd yn chwarae. Gwnaent yn siŵr nad oedd neb yn amharu arnynt.

Hyfforddodd Venus a Serena â'u deg egni. Erbyn iddyn nhw gyrraedd eu harddegau, roedden nhw'n chwaraewyr eithriadol o gryf, a dechreuodd eu rhieni ystyried o ddifrif y gallen nhw fod ymhlith chwaraewyr tennis gorau'r byd ymhen rhai blynyddoedd.

A dyna'n union ddigwyddodd! Mae'r ddwy chwaer yn eu tro, wedi cyrraedd y brig yn y byd tennis.

Maen nhw'n parhau i wneud eu rhieni, gan gynnwys Raul, a dinas gyfan Compton, yn falch iawn.

SERENA, GANWYD 26 MEDI 1981; VENUS, GANWYD 17 MEHEFIN 1980
UNOL DALEITHIAU'R AMERICA

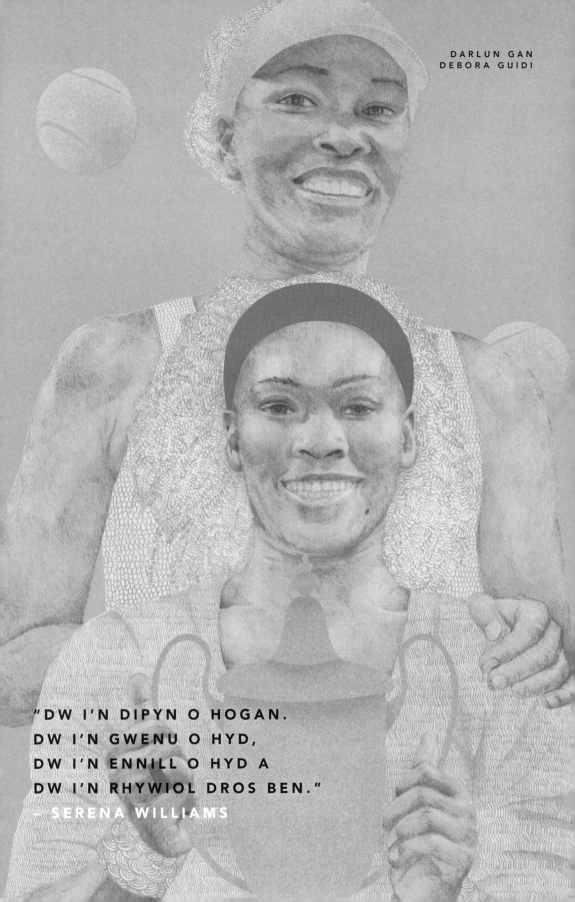

"DW I'N DIPYN O HOGAN.
DW I'N GWENU O HYD,
DW I'N ENNILL O HYD A
DW I'N RHYWIOL DROS BEN."
— SERENA WILLIAMS

• SIMONE BILES •

GYMNASTWRAIG

Un tro, roedd yna ferch oedd yn gallu hedfan. Ei henw oedd Simone Biles.

Gymnastwraig oedd hi – yr orau yn hanes America erioed. O'r eiliad y byddai Simone yn camu ar y mat, byddai pobl yn methu â chredu eu llygaid. Roedd hi mor gyflym, mor gryf, mor ystwyth, mor ysgafndroed! Byddai'n hedfan drwy'r awyr yn osgeiddig a chwim, gan droi a throelli, a glanio'n berffaith bob tro.

Dim ond chwech oed oedd Simone pan ddechreuodd gael gwersi gymnasteg. Erbyn iddi droi'n ddeunaw, roedd hi wedi ennill medalau di-rif ac roedd disgwyl iddi ddod yn ôl o'r Gemau Olympaidd yn Rio gyda phum medal, nid un.

Gofynnodd newyddiadurwr iddi un dydd, "Sut wyt ti'n dygymod efo'r math yna o gyfrifoldeb?"

"Dw i'n trio peidio meddwl am hynny," meddai Simone. "Ar hyn o bryd, dw i'n trio canolbwyntio ar geisio cadw cysondeb ar y bariau anwastad."

"Beth am y nod o ennill medal aur?"

"Dydy medal ddim yn nod," atebodd Simone yn siriol. "Mae Mam wastad yn dweud, 'Os ydy gwneud dy orau yn golygu mai ti *ydy'r* gorau, mae hynny'n grêt. Os ydy gwneud dy orau yn golygu dy fod yn bedwerydd, mae hynny'n grêt hefyd.'"

Cael ei mabwysiadu wnaeth Simone pan oedd hi'n dair oed. Dysgodd Simone mai bod yn wylaidd a gwneud dy orau ydy'r unig ffordd i fyw bywyd ystyrlon ac i ysbrydoli pobl o dy gwmpas.

Yn y Gemau Olympaidd yn Rio, cipiodd Simone bum medal – pedair ohonyn nhw'n rhai aur!

GANWYD 14 MAWRTH 1997
UNOL DALEITHIAU'R AMERICA

"CEFAIS FY NGHREU FEL
HYN AM RESWM, FELLY
DW I'N MYND I WNEUD
Y GORAU O'R HYN SYDD
GEN I."
– SIMONE BILES

• SONITA ALIZADEH •

RAPWRAIG

Pan oedd Sonita'n ddeg oed, dywedodd ei rhieni wrthi, "Mae'n rhaid i ni dy werthu di drwy briodas." Dechreuon nhw gymryd mwy o ofal ohoni nag erioed o'r blaen, a phrynu dillad o ansawdd da iddi.

Doedd Sonita ddim callach beth oedd hyn i gyd yn ei olygu mewn gwirionedd, ond gwyddai un peth – doedd hi ddim eisiau priodi. Roedd arni eisiau astudio, ysgrifennu, canu, a dywedodd hynny wrth ei mam. Ateb honno oedd, "Rydan ni angen yr arian er mwyn prynu priodferch i dy frawd. Does gynnon ni ddim dewis. Mae'n rhaid i ni dy werthu di."

Ar yr unfed awr ar ddeg, chwalwyd trefniadau'r briodas. Torrodd rhyfel yn Affganistan, lle roedd y teulu'n byw, ac anfonwyd Sonita a'i brawd i fyw mewn gwersyll ffoaduriaid yn Iran. Mynychodd Sonita ysgol leol yno, a dechreuodd ysgrifennu caneuon.

Pan oedd Sonita'n un ar bymtheg oed, daeth ei mam i ymweld â hi. Dywedodd wrthi fod rhaid iddi ddychwelyd i Affganistan am eu bod wedi dod o hyd i ddyn arall oedd eisiau ei phriodi. Gwrthododd Sonita unwaith eto. Roedd Sonita'n meddwl y byd o'i mam ond doedd hi ddim eisiau priodi. Roedd hi eisiau rapio.

Ysgrifennodd gân ddeifiol o'r enw 'Brides for Sale' ('Priodferched ar Werth') a'i huwchlwytho ar YouTube. Lledaenodd y fideo fel tân gwyllt ledled y byd, a gwnaeth Sonita enw iddi hi'i hun. Yn ddiweddarach, cafodd ysgoloriaeth i astudio yn America. "Yn fy ngwlad i," meddai, "mae merched da yn cau eu cegau, ond dw i eisiau rhannu'r geiriau sydd yn fy nghalon."

GANWYD 1996

AFFGANISTAN

· SYLVIA EARLE ·

BIOLEGYDD MORWROL

Un tro, roedd yna wyddonydd ifanc oedd yn hoffi plymio i'r môr yn y nos – pan fyddai'r dŵr yn dywyll a phan oedd hi'n anodd dweud a oedd y pysgod yn effro ai peidio.

"Fin nos," meddai, "rwyt ti'n gweld llawer o bysgod na fyddet ti'n eu gweld yng ngolau dydd." Ei henw oedd Sylvia.

Arweiniai Sylvia dîm o nofwyr tanddwr. Bydden nhw'n byw o dan y dŵr am wythnosau, gan blymio oddi ar bob math o gerbydau tanddwr, ac astudio bywyd y cefnfor mewn ffordd gwbl arloesol.

Un noson, gwisgodd Sylvia siwt arbennig – un llwyd a gwyn, mor fawr â siwt ofod, a helmed gron, fawr gyda phedair ffenest gron ynddi i weld drwyddyn nhw. Chwe milltir o'r lan, plymiodd Sylvia'n ddyfnach na wnaeth neb erioed o'r blaen heb dennyn achub. I lawr yn y fan honno, mae'r tywyllwch yn dywyllach na noson ddi-sêr. Yno, yng ngolau gwan lamp danddwr, rhoddodd Sylvia ei dwy droed ar wely'r môr, yn adlais o daith y dyn cyntaf – mewn gwisg debyg ond filltiroedd uwch ei phen – wrth i hwnnw roi ei droed ar y Lleuad.

"Heb y môr," esboniodd Sylvia, "fyddai 'na ddim bywyd ar y ddaear. Dim bodau dynol, dim anifeiliaid, dim ocsigen, dim planhigion. Os nad ydan ni'n adnabod y môr, fedrwn ni mo'i garu."

Astudiodd Sylvia gerhyntau cudd, darganfyddodd blanhigion tanddwr, a chododd law ar bysgod y dyfnfor. "Mae'n rhaid i ni ofalu am y moroedd," meddai. "Wnewch chi ymuno â'r frwydr i amddiffyn calon las y ddaear?"

GANWYD 30 AWST 1935
UNOL DALEITHIAU'R AMERICA

DARLUN GAN
GERALDINE SY

"ROEDD HI'N FRAINT
CAEL TREULIO MILOEDD
O ORIAU YN Y MÔR.
TRUENI NA FEDRWN I
HEBRWNG PAWB YNO
I WELD BETH WELAIS,
AC I DDOD I WYBOD YR
HYN DW I'N EI WYBOD."
– SYLVIA EARLE

· TAMARA DE LEMPICKA ·

ARTIST

Un tro, daeth artist i dŷ crand yn St Petersberg, Rwsia. Roedd o wedi dod i beintio portread o ferch ddeuddeg oed o'r enw Tamara.

Ond doedd gan Tamara ddim llawer o feddwl o'r llun a wnaeth ohoni. A dweud y gwir, credai y byddai hi ei hun wedi cael gwell hwyl arni.

Rai blynyddoedd yn ddiweddarach, aeth Tamara i'r opera gyda'i modryb, a gwelodd ddyn yn y dorf. Rywsut, gwyddai'n syth y byddai'n ei briodi – a dyna fu! Ei enw oedd Tadeusz.

Roedd yna chwyldro ar droed yn Rwsia ar y pryd, a charcharwyd Tadeusz. Ond llwyddodd Tamara i'w ryddhau a dihangodd y ddau i Baris.

Ar y pryd, Paris oedd canolbwynt y byd celf ac yno y gwireddodd Tamara ei breuddwyd bore oes o fod yn artist. Daeth hi'n enwog yn sydyn iawn a byddai pawb oedd yn 'rhywun' yn baglu dros ei gilydd i ofyn am bortread ganddi hi.

Pan dorrodd yr Ail Ryfel Byd, symudodd Tamara i America. O dipyn i beth, aeth ei harddull feiddgar a thrawiadol yn hen ffasiwn. Pan gafodd feirniadaeth hallt mewn adolygiad un tro, gwylltiodd yn rhacs a thyngodd na fyddai'n arddangos ei gwaith byth eto.

Symudodd Tamara i Mecsico ac yno y bu'n byw mewn tŷ hyfryd nes y bu farw yn 82 oed, gyda'i merch Kizette wrth ei hochr. Roedd Tamara wedi gofyn iddi wasgaru ei llwch ar losgfynydd Popocatepetl – diweddglo gweddus i artist athrylithgar ac iddi bersonoliaeth danbaid.

Erbyn heddiw, mae ei lluniau'n werth miliynau o ddoleri. Byddai Tamara yn siŵr o fod yn falch i wybod fod y gantores Madonna ymhlith ei hedmygwyr mwyaf.

16 MAI 1898 – 18 MAWRTH 1980

GWLAD PWYL

"DW I'N BYW AR GYRION
CYMDEITHAS, A DYDY
RHEOLAU CYMDEITHASOL
ARFEROL DDIM YN
BERTHNASOL I'R RHAI
SY'N BYW AR Y CYRION."
– TAMARA DE LEMPICKA

· VIRGINIA WOOLF ·

AWDUR

Un tro, roedd yna ferch fach a gynhyrchodd bapur newydd am ei theulu. Ei henw oedd Virginia ac roedd hi'n byw yn Llundain.

Roedd Virginia'n ffraeth, yn ddiwylliedig ac yn berson teimladwy iawn. Pan fyddai rhyw ddrwg yn dod i'w rhan, byddai'n teimlo'n hynod o drist am wythnosau wedyn. Ac yn yr un modd, pan fyddai'n ddedwydd ei byd, hi fyddai'r plentyn hapusaf i droedio'r ddaear erioed.

"Roeddwn i'n byw mewn lle dwys iawn," ysgrifennodd Virginia yn ei dyddiadur.

Roedd Virginia'n dioddef o salwch o'r enw iselder ysbryd. Byddai'r felan yma'n parhau i effeithio arni drwy gydol ei hoes. Ond pa bynnag hwyl oedd arni, law neu hindda, byddai wastad yn ysgrifennu. Cadwai ddyddiadur, ysgrifennai gerddi, nofelau ac adolygiadau. Roedd ysgrifennu yn ei helpu i weld a deall ei meddyliau ei hun ac, yn ei dro, yn ei helpu i ddeall teimladau pobl eraill hefyd.

Ysgrifennu oedd ei bywyd, ond roedd ei chariad tuag at ei gŵr, Leonard, yr un mor gryf.

Roedd y ddau yn hynod o hapus yng nghwmni ei gilydd, ond weithiau byddai iselder Virginia yn ei rhwystro rhag teimlo llawenydd. Ar y pryd, doedd yna ddim ffordd effeithiol o drin y felan: a dweud y gwir, roedd nifer o bobl yn amau bodolaeth y cyflwr yn y lle cyntaf!

Heddiw, mae yna lawer o ffyrdd i drin iselder ysbryd. Ond p'run ai ydych chi'n hapus neu'n drist – neu'n rhywle rhwng y ddau begwn – gall cadw dyddiadur er mwyn cofnodi'ch emosiynau fod o gymorth mawr.

Pwy a ŵyr, efallai y gwnewch chi ddarganfod eich llais creadigol, fel y gwnaeth Virginia, ac ysgrifennu er mwyn helpu pobl eraill i ddeall eu hemosiynau a'u helpu i fyw bywydau'n llawn breuddwydion.

DARLUN GAN
ANA JUAN

"DW I WEDI FY NGWREIDDIO,
OND DW I HEFYD YN LLIFO."
– VIRGINIA WOOLF

· WANG ZHENYI ·

ASTRONOMEGYDD

Un tro, yn Tsieina, roedd yna ferch ifanc oedd yn hoffi astudio pob math o bynciau gwahanol. Yn arbennig, roedd hi'n hoffi Mathemateg, Gwyddoniaeth, Daearyddiaeth, Meddygaeth ac ysgrifennu barddoniaeth. Roedd hi hefyd yn farchoges wych ac yn fedrus iawn wrth saethu ac ymladd. Ei henw oedd Wang.

Teithiodd yn eang ac roedd hi'n chwilfrydig ynglŷn â phopeth, ond Astronomeg, yn fwy na dim byd arall, oedd ei phrif ddiddordeb. Treuliai oriau'n astudio'r planedau, yr Haul, y sêr a'r Lleuad.

Ar y pryd, credai pobl fod diffyg ar y Lleuad (eclips) yn golygu bod y duwiau'n flin. Gwyddai Wang na allai hynny fod yn wir a phenderfynodd wrthbrofi'r egwyddor honno gydag arbrawf. Gosododd fwrdd crwn mewn pabell yn yr ardd (i gynrychioli'r Ddaear), ac o'r nenfwd, crogodd lamp (yr Haul) a gosododd ddrych mawr crwn gerllaw (y Lleuad).

Yna, dechreuodd symud y gwrthrychau – yn union fel y maen nhw'n symud yn yr wybren – nes oedd yr Haul, y Ddaear a'r Lleuad mewn llinell syth, gyda'r Ddaear yn y canol. "Dyna ni!" cyhoeddodd. "Felly mae eclips yn digwydd bob tro mae'r Lleuad yn symud drwy gysgod y Ddaear."

Deallai Wang pa mor bwysig oedd gwneud Mathemateg a Gwyddoniaeth yn ddiddorol i bawb, felly ysgrifennodd bapur yn esbonio grym disgyrchiant, gan osgoi unrhyw ieithwedd orwyddonol.

Gwnaeth Wang enw iddi hi'i hun. Yn ei cherddi, mae hi'n aml yn sôn am bwysigrwydd cydraddoldeb rhwng merched a dynion.

1768 – 1797

TSIEINA

DARLUN GAN
ANA GALVAŃ

"GALL MERCHED FOD YN ARWROL HEFYD."
– WANG ZHENYI

· WANGARI MAATHAI ·

YMGYRCHYDD

Un tro, yng Nghenia, Affrica, roedd yna ddynes o'r enw Wangari yn byw.

Pan ddechreuodd y llynnoedd ger ei phentref fynd yn hesb, a phan ddechreuodd y nentydd ddiflannu, gwyddai Wangari fod rhaid iddi wneud rhywbeth. Trefnodd gyfarfod â rhai o'r merched eraill.

"Mae'r llywodraeth yn torri coedwigoedd i wneud lle i ffermydd ond rŵan mae'n rhaid i ni gerdded am filltiroedd i gasglu coed tân!" cwynodd un.

"Beth am blannu mwy o goed yma?" meddai Wangari.

"Sawl un?" gofynnodd y lleill.

"Ychydig filiynau?" meddai hithau.

"Ychydig filiynau! Wyt ti'n wallgo? Does 'na'r un blanhigfa sy'n ddigon mawr i dyfu cymaint â hynny, siŵr!"

Atebodd Wangari, "Nid eu prynu nhw o blanhigfa oedd gen i mewn golwg, ond eu tyfu nhw ein hunain, yn ein cartrefi."

Felly casglodd Wangari a'i ffrindiau hadau o'r goedwig a'u plannu nhw mewn tuniau. Fe ddyfrion nhw'r planhigion a'u gwarchod nes oedden nhw'n droedfedd o daldra. Yna, fe blannon nhw'r glasbrennau yn eu gerddi.

Dim ond llond llaw o ferched oedd wrthi ar y dechrau, ond yna, fel coeden yn egino o hedyn bychan, lledodd y syniad a datblygodd yn fudiad eang.

Ymledodd y Symudiad Tir Glas, fel y'i gelwir, y tu hwnt i ffiniau Cenia. Plannwyd 40 miliwn o goed a chyflwynwyd y Wobr Heddwch Nobel i Wangari am ei gwaith. Dathlodd drwy blannu coeden.

1 EBRILL 1940 – 25 MEDI 2011

CENIA

DARLUN GAN
THANDIWE TSHABALALA

"RŴAN YW'R AMSER."
– WANGARI MAATHAI

· WILMA RUDOLPH ·

ATHLETWRAIG

Amser maith yn ôl, cyn bod brechiad ar gael ar gyfer polio, roedd rhai plant yn cael eu taro'n wael gan yr afiechyd ofnadwy hwn. Merch fach oedd Wilma pan ddigwyddodd hynny iddi hi, ac fe barlyswyd ei choes.

"Does dim sicrwydd y bydd hi'n gallu cerdded eto," meddai'r meddyg.

"Mi wnei di gerdded eto, cariad, dw i'n addo," sibrydodd mam Wilma yn ei chlust.

Bob wythnos, byddai ei mam yn mynd â Wilma i'r ddinas i gael triniaeth. Bob dydd, byddai'r un ar hugain o frodyr a chwiorydd oedd ganddi yn cymryd eu tro i dylino ei choes wan. Roedd rhaid i Wilma ddefnyddio ffrâm i gerdded, a byddai'r plant cas yn ei milltir sgwâr yn gwneud hwyl am ei phen. Weithiau, pan na fyddai ei rhieni gartref, byddai Wilma'n ceisio cerdded heb y ffrâm. Roedd yn waith hynod o galed, ond yn araf deg, dechreuodd Wilma gryfhau.

Erbyn iddi droi'n naw oed, daeth geiriau ei mam yn wir. Roedd Wilma'n medru cerdded ar ei phen ei hun, heb gymorth! Dechreuodd chwarae pêl-fasged, hyd yn oed!

Roedd hi wrth ei bodd yn neidio a rhedeg, felly pan ofynnodd ei hyfforddwr iddi a hoffai ymuno â'r tîm trac, wnaeth hi ddim meddwl ddwywaith.

Cystadlodd Wilma mewn ugain ras, ac ennill bob un.

"Does gen i ddim syniad pam 'mod i'n rhedeg mor gyflym," meddai. "Dw i jyst yn gwneud."

Daeth Wilma'n bencampwraig gyflyma'r byd, gan ddod â llawenydd a balchder i'w theulu a'i gwlad. Torrodd dair record byd yng Ngemau Olympaidd 1960.

Dywedai Wilma o hyd mai cyfrinach ennill ydy gwybod sut i golli: "Does 'na neb yn ennill bob tro. Os medri di ddod atat ti dy hun ar ôl cael dy drechu, a dyfalbarhau i ennill eto, mae 'na ddeunydd pencampwraig ynot ti."

23 MEHEFIN 1940 – 12 TACHWEDD 1994
UNOL DALEITHIAU'R AMERICA

"DYWEDODD Y MEDDYGON
WRTHA I NA FYDDWN I
BYTH YN CERDDED ETO.
DYWEDODD FY MAM FEL
ARALL. DEWISAIS I GREDU
FY MAM."
– WILMA RUDOLPH

· XIAN ZHANG ·

ARWEINYDD CERDDORFA

Un tro, roedd gwlad lle roedd pianos wedi eu gwahardd. Doedden nhw ddim yn cael eu gwerthu mewn siopau a doedden nhw ddim yn cael eu canu mewn cyngherddau, chwaith. Doedden nhw ddim i'w gweld yn unman.

Un dydd, cafodd rhywun syniad gwych. Prynodd y dyn hwnnw y darnau angenrheidiol i gyd ac adeiladodd biano â llaw. Ond nid iddo fo'i hun y gwnaeth hyn; yn hytrach, ar gyfer ei ferch bedair oed, Zhang.

Roedd Zhang wrth ei bodd yn canu'r piano, a maes o law daeth yn athrawes biano a oedd hefyd yn hyfforddi cantorion yn Nhŷ Opera Beijing. Roedd hi'n hapus iawn ei byd a chredai mai athrawes biano a phianydd y byddai hi am weddill ei hoes.

Ond un noson, ar ôl ymarferion olaf yr opera *Priodas Figaro*, cafodd Zhang alwad gan yr arweinydd a ddywedodd wrthi'n ddiflewyn-ar-dafod, "Fory, ti fydd yn arwain y gerddorfa."

"Diolch," dywedodd Zhang, mewn llais bach; roedd hi wedi dychryn am ei bywyd!

Y diwrnod canlynol, galwodd Zhang bawb yn y gerddorfa am ymarfer ychwanegol cyn y perfformiad gyda'r nos. Dim ond ugain oed oedd hi, ac roedd hi'n ferch fechan, eiddil. Pan gamodd ar y podiwm, chwarddodd rhai o'r cerddorion ac wfftio o dan eu gwynt.

Wnaeth Zhang ddim cymryd arni o gwbl. Wnaeth hi ddim gwenu. Cododd ei baton ac arhosodd yn amyneddgar. Ar ôl deng munud, roedd y gerddorfa gyfan yn ei dilyn ac yn ei pharchu hi'n llwyr.

"Dros nos, cafodd fy mywyd ei droi ben ucha'n isa'," meddai.

Heddiw, mae Zhang yn un o arweinyddion cerddorfaol enwocaf y byd, ac yn uchel iawn ei pharch.

GANWYD 1973

TSIEINA

"PAN FYDD MERCHED YN GWELD MERCHED ERAILL YN GWNEUD Y SWYDD YMA, FE FYDDAN NHW'N SIŴR O GREDU FOD Y SWYDD O FEWN EU CYRRAEDD HWYTHAU, HEFYD."
– XIAN ZHANG

DARLUN GAN
PING ZHU

· YAA ASANTEWAA ·

BRENHINES AC ARWEINYDD BYDDIN

Un tro, mewn gwlad gyfoethog a'i llond o aur, roedd brenhines gref yn byw. Ei henw oedd Yaa ac roedd hi'n llywodraethu dros deyrnas Asante, Affrica.

Credai ei phobl ym mhwerau hudol stôl aur arbennig. Roedd hon mor gysegredig fel nad oedd gan y frenhines na'r brenin, hyd yn oed, yr hawl i'w chyffwrdd. Dywedid bod calon ac enaid pobl Asante – o'r gorffennol, y presennol a'r dyfodol – wedi'u hymgorffori yn yr orsedd euraid hon.

Un dydd, cyhoeddwyd y byddai'r Ymerodraeth Brydeinig yn cymryd rheolaeth dros diroedd Asante o hynny allan. "Rydan ni'n mynnu cael eich stôl aur, hefyd, i ni gael eistedd arni," medden nhw. "Dewch â hi yma ar unwaith."

Syfrdanwyd a sarhawyd pobl Asante gan y gorchymyn hwn, ond roedd y gelyn yn rymus iawn a fesul un, perswadiwyd y bobl i ildio.

Ond nid felly Yaa Asantewaa. Daliodd ei thir.

"Os nad ydych chi, ddynion Asante, yn fodlon brwydro, yna bydd yn rhaid i ni'r merched wneud. Fe wnawn *ni* ymladd yn erbyn y dyn gwyn."

Arweiniodd Yaa fyddin o 5,000 i frwydr yn erbyn y milwyr Prydeinig arfog, profiadol. Ar ôl brwydr ffyrnig, trechwyd byddin Yaa. Fe'i cipiwyd hithau, a'i halltudio i Ynysoedd y Seychelles.

Welodd hi erioed mo'i mamwlad eto, ond mae trigolion ei gwlad yn parhau i gael eu hysbrydoli gan ei dewrder. Rai blynyddoedd ar ôl ei marwolaeth, adfeddiannodd Ymerodraeth Asante ei hannibyniaeth. Hyd y dydd hwn, mae pobl Asante yn dal i ganu caneuon am eu brenhines hoff, a'i henaid herfeiddiol a balch.

TUA 1840 – 17 HYDREF 1921

GHANA

DARLUN GAN
NOA SNIR

"OS NAD YDYCH CHI,
DDYNION TEYRNAS
ASANTE, YN FODLON
BRWYDRO, YNA BYDD
RHAID I NI FERCHED
WNEUD."
– YAA ASANTEWAA

• YOKO ONO •

ARTIST

Un tro, roedd yna ferch fach o'r enw Yoko oedd yn byw mewn tŷ bendigedig yn Nhokyo. Pan dorrodd y rhyfel yno, cafodd ei chartref ei fomio ac aeth Yoko a'i theulu ar ffo, gan ddianc am eu bywydau. Yn sydyn, doedd ganddi hi a'i brawd ddim teganau, dim gwlâu, dim bwydiach, dim dillad. Roedd yn rhaid iddyn nhw hel cardod er mwyn goroesi. Byddai plant eraill yn eu gwawdio am eu bod mor dlawd â llygod eglwys, a hwythau'n arfer bod yn gyfoethog.

Ymhen amser, daeth Yoko yn artist perfformiadol. Nid *edrych* ar waith Yoko yn unig wyt ti: rwyt ti'n rhan ohono. Er enghraifft, byddai Yoko'n gofyn i bobl dorri ei dillad tra oedd hi'n dal i'w gwisgo.

Un dydd, aeth cerddor o'r enw John Lennon i arddangosfa o waith Yoko. Gwelodd John brydferthwch yn ei gwaith a dechreuodd y ddau lythyru â'i gilydd. O dipyn i beth, syrthiodd Yoko a John dros eu pen a'u clustiau mewn cariad. Recordiodd y ddau ganeuon gyda'i gilydd, gweithio ar brosiectau ffotograffiaeth a chynhyrchu ffilmiau ar y cyd, hyd yn oed.

Ar y pryd, roedd America yn ymosod ar Fietnam. Gwyddai Yoko pa mor erchyll oedd rhyfel ac roedd hi'n awyddus i gefnogi'r mudiad heddwch. Un ffordd arferol o brotestio ar y pryd, oedd cynnal *sit-in*, lle byddai pobl yn eistedd ar lawr gyda'i gilydd a gwrthod symud o'r fan – er mwyn dangos eu hanfodlonrwydd. Ond wrth gwrs, doedd yna ddim byd yn arferol am Yoko, ac fe benderfynodd hi a John gynnal *bed-in*, gan aros yn y gwely am wythnos gyfan, wedi'u hamgylchynu gan gamerâu teledu a newyddiadurwyr.

Recordiodd y ddau gân hefyd, er mwyn crisialu'r neges: 'Give Peace a Chance' ('Rhowch Gyfle i Heddwch').

GANWYD 18 CHWEFROR 1933
SIAPAN

DARLUN GAN
MICHELLE CHRISTENSEN

"DIM OND MEDDWL AM
HEDDWCH SYDD RAID, A BYDD
Y NEGES YN MYND AR LED YN
GYNT NA'R DISGWYL."
– YOKO ONO

• YUSRA MARDINI •

NOFWRAIG

Un tro, yn Namascws, Syria, roedd yna nofwraig o'r enw Yusra yn byw.

Bob dydd, byddai hi a'i chwaer yn hyfforddi gyda'u tad yn y pwll nofio lleol. Roedd hi'n rhyfel yn Syria, ac un diwrnod cafodd bom ei ollwng ar y pwll nofio. Wrth lwc, doedd Yusra ddim yno ar y pryd.

Yn fuan wedyn, dinistriwyd ei thŷ gan fom arall. O drwch blewyn, ni chafodd niwed. Ond mwyaf sydyn, doedd gan Yusra a'i theulu ddim to uwch eu pennau ac roedden nhw wedi colli popeth. Penderfynon nhw ddianc o'r wlad.

Roedd Yusra wedi clywed bod yr Almaen yn lle da i fynd os oeddech chi'n hoffi nofio. Byddai'r daith yno'n un hir a chythryblus, ond roedd Yusra'n benderfynol o gyrraedd.

Ymunodd ei chwaer a hithau â chriw o ffoaduriaid ar siwrnai a barodd am fis ar draws sawl gwlad, cyn mentro ar gwch bach rwber i gyfeiriad ynys Lesbos yng Ngwlad Groeg.

Dim ond lle i chwech neu saith o bobl oedd ar y cwch mewn gwirionedd, ond roedd ugain wedi'u gwasgu arni. Yn ystod y daith, torrodd injan y cwch a dod i stop yng nghanol y cefnfor. "Fedrwn ni ddim marw ar y môr," meddyliodd Yusra. "Rydan ni'n nofwyr!" Ac felly neidiodd i'r dŵr gyda'i chwaer ac un bachgen arall.

Fe gicion nhw a nofio a thynnu a llusgo'r cwch am deirawr a mwy, nes iddyn nhw, o'r diwedd, gyrraedd y lan.

Pan gyrhaeddon nhw'r Almaen, cwestiwn cyntaf Yusra oedd, "Ble alla i ddod o hyd i glwb nofio?"

Yn 2016, roedd hi'n aelod o'r tîm cyntaf o ffoaduriaid i gystadlu yn y Gemau Olympaidd erioed.

GANWYD 5 MAWRTH 1998

SYRIA

DARLUN GAN
JESSICA COOPER

"DW I EISIAU I BOB FFOADUR
FOD YN FALCH OHONA I."
– YUSRA MARDINI

ZAHA HADID

Pan oedd Zaha'n ddeg oed, penderfynodd ei bod eisiau bod yn bensaer. Roedd hi'n ferch benderfynol iawn ac fe dyfodd i fod yn un o'r penseiri gorau erioed. Daethpwyd i'w hadnabod fel Brenhines y Llinell Grom oherwydd bod yr adeiladau a gynlluniai yn cynnwys cymaint o linellau ysgubol, beiddgar.

Un dydd, aeth Zaha ar awyren ac esboniodd y peilot y byddai yna oedi byr cyn iddyn nhw esgyn i'r awyr. Roedd Zaha'n gandryll a mynnodd eu bod nhw'n ei rhoi ar awyren arall yn syth. Roedd hynny'n amhosib, yn ôl y criw; roedd ei bagiau eisoes yng nghrombil yr awyren. Ond doedd Zaha ddim yn fodlon ildio, ac yn y diwedd, cafodd ei ffordd ei hun. Roedd hi fel rheol yn cael ei ffordd ei hun – dyna'r math o berson oedd hi.

Roedd Zaha'n mwynhau chwalu ffiniau a gwneud pethau y byddai pawb arall yn eu hystyried yn amhosib. Dyna sut y llwyddodd i greu adeiladau na allai pobl eraill eu dychmygu, hyd yn oed.

Cynlluniodd orsafoedd tân, amgueddfeydd, canolfannau celfyddydol, canolfan ddyfrol, a llawer iawn mwy.

Torrodd Zaha ei chwys ei hun. Doedd arni ddim ofn bod yn wahanol. Dywedodd un o'i mentoriaid ei bod fel "planed yn ei chylchdro unigryw ei hun".

Roedd hi'n gwybod ei meddwl ei hun i'r dim, a doedd hi byth yn gorffwys nes y byddai'n llwyddo i gyflawni'r hyn roedd hi eisiau. Efallai mai dyna'r allwedd i gyflawni unrhyw beth o bwys mewn bywyd. Zaha oedd y ferch gyntaf i dderbyn Medal Aur Sefydliad Brenhinol Penseiri Prydain.

31 HYDREF 1950 – 31 MAWRTH 2016

IRAC

DARLUN GAN
NOA SNIR

"ERS YN DDIM O BETH, DW
I WASTAD WEDI GWYBOD
FY MOD I'N BWERUS."
– ZAHA HADID

Un tro, _____

_____

_____

_____

_____

_____

_____

_____

_____

_____

_____

_____

_____

_____

_____

_____

_____

_____

_____

_____

_____

_____

_____

_____

_____

GWNA HUNANBORTREAD

● ORIEL YR ANFARWOLION ●

Yn gyflwynedig i'r holl rebeliaid a roddodd eu ffydd yn *Straeon Nos Da i Bob Rebel o Ferch*, a chyfrannu ar Kickstarter. Maen nhw'n dod o bedwar ban byd, ac fe fyddan nhw'n siŵr o drawsnewid y byd.

NIGISTE ABEBE

PIPER ABRAMS

HAIFA A LEEN AL SAUD

SHAHA F. A WADHA N. AL-THANI

NEDA ALA'I-CHANGUIT

RAFFAELLA A MADDALENA ALBERTI

MADELEINE ALEXIS

WILLOW ALLISON

LEIA ALMEIDA

VIOLET AMACK

BROOKLYN ANDERSON

SOFIA ANDREWS

ANDHIRA JS ANGGARA

GRACE ANKROM

OLIVIA ANN

SYLVIE APPLE

ALEJANDRA PIEDRA ARCOS

CAMILA ARNOLD

CAROLINA ARRIGONI

EVANGELINE ASIMAKOPOULOS

PHOEBE ATKINS

AUDREY B. AVERA

AZRAEL

MISCHA BAHAT

KIERA BAIRD

EMERY A NYLAH BAKER

MOLLY A SCARLET BARFIELD

EVA BARKER

ISABELLA BARRY

PIPPA BARTON

CRISTINA BATTAGLIO

SOFIA BATTEGODA

JENNIFER BEEDON

EMMA BEKIER

TAYLOR BEKIER

VIVIENNE BELA

MADELINE BENKO

EMMA BIGKNIFE

PIA BIRDIE

HANNAH BIRKETT

ALEXIS BLACK

KATIE BLICKENSTAFF

ADA MARYJO A ROSE MARIE BODNAR

GABRIELLA MARIE BONNECARRERE WHITE

RIPLEY TATE BORROMEO

MEGAN BOWEN

LILA BOYCE

MARLEY BOYCE

MOLLY MARIE A MAKENNA DIANE BOYCE

JOY A GRACE BRADBURY

MAGNOLIA BRADY

EVA AC AUGUST BRANCATO

CORA AC IVY BRAND

TALA K A KAIA J BROADWELL

AUDREY AC ALEXANDRA BROWN

SCARLETT BRUNER

MARLOWE MARGUERITE BÜCKER

KATIE BUMBLEBEE

VIVIAN A STACY BURCH

CLARA BURNETTE

MIA A. BURYKINA

ZOE BUTTERWORTH

CASSIA GLADYS CADAN-PEMAN

GIGI GARITA A LUNA BEECHER
CALDERÓN

FINLEY A MANDIE CAMPBELL

SCARLETT A CHARLI CARR

KAITLYN CARR

EMILIE CASEY

LUCIENNE CASTILLO

KYLEE CAUSER

OLIVIA ANNA CAVALLO STEELE

NEVEYA CERNA-LOMBERA ESTRADA

ELLE CHANDLER

JOSIE CHARCON

LYN CHEAH

ANNA MARY CHENG

ELINOR CHIAM

LEELA CHOUDHURI

MILA CHOW

BEATRICE CICCHELLI

COCO COHEN

ABIGAIL COLE

EMILY ROBBINS COLEY

SOPHIA CONDON

EMILY COOLEY

ALLISON COOPER

STELLA A MATILDE CORRAINI

GIORGIA CORSINI

LOGAN COSTELLO

EMILY CLARE A CHARLOTTE GIULIA
COSTELLO

CAMILLE AC ARIANE COUTURE

ISABEL CRACKNELL

ROSE CREED

SOPHIA A MAYA CRISTOFORETTI

NATALIE SOPHIA A CHLOE SABRINA CRUZ

GABRIELA CUNHA

EVIE CUNNINGHAM

ADA CUNNINGHAM

EVENING CZEGLEDY

ANTONIA AC INDIANA D'EGIDIO

KYLIE DAVIS

ELLA-ROSE DAVIS

BRENNA DAVISON

ELIZABETH DEEDS

ILARIA AC ARIANNA DESANDRÉ

ROSALIE DEVIDO

ALISSA DEVIR

PAOLA AC ANTONIO DI CUIA

EMILIA DIAZ

NEVAEH DONAZIA

HADLEY DRAPER LEVENDUSKY

HATTIE A MINA DUDEN

SELMA JOY EAST

ALDEN ECKMAN

EUGENIO A GREGORIO

SOPHIA EFSTATHIADIS

JULIA EGBERT

AILLEA ROSE ELKINS

ANNA ERAZO

RAMONA ERICKSON

MADELINE "MADDIE" ESSNER

ELENA ESTRADA-LOMBERA

SCOUT FAULL

LILLIAN FERGUSON

AURELIA FERGUSON

HEIDI AC ANOUSHKA FIELD

PAIGE A MADELYN FINGERHUT

MARILENA A TERESA FIORE

MARGARET A KATHERINE FLEMING

VIDA FLORES SMOCK

LILY A CIARA (KIKI) FLYNN

SABINE FOKKEMA

MIA A KARSON FORCHELLI

HANNAH FOSS

SARA BON A HANNAH LEE FOWLER
SYLVIE FRY
MOLLY CHARLOTTE FUCHS
KATARINA GAJGER
OLIVIA GALLAGHER
TAYLOR GALLIMORE
ANN GANNETT BETHELL
MADELINE A LUCY GERRAND
MAREN AC EDEN GILBERT TYMKOW
FABULOUS GIRL
CAMILLA GOULD
SYAH GOUTHRO
EMMA GRANT
ISLA GREEN
CARA A ROWAN GREEN
VICTORIA GREENDYK
MARIAH GRIBBLE
SAGE GRIDER
SUSIE GROOMES
EMMA, LUCY A FINLEY GROSS
CLAUDIA GRUNER
PAZ GUELFI-SALAZAR
VIOLA GUERRINI
IRIS GUZMAN
ABIGAIL HANNAH
ANNA-CÉLINE PAOLA HAPPSA
ALANNA HARBOUR
EVELYN A LYDIA HARE
GWYNETH A PIPER HARTLEY
ABIGAIL A CHRISTA HAYBURN
SOFIA HAYNES
EVIE A DANYA HERMAN
MACY HEWS
CLARE HILDICK KLEIN
AUREA BONITA HILGENBERG
RUBY GRACE HIME
AVA HOEGH-GULDBERG
JANE HOLLEY-MIERS
FARAH HOUSE
ARYANNA HOYEM
SASKIA A PALOMA HULT
JORJA HUNG
HAYLIE A HARPER HUNPHREYS

NORA IGLESIAS POZA
DEEN M. INGLEY
AZALAYAH IRIGOYEN
MIRIAM ISACKOV
JADI AND ALEXANDRA
MAYA JAFFE
FILIPPA JAKOBSSON
HADDIE JANE
ELEANOR HILARY A CAROLINE KARRIE
JANULEWICZ LLOYD
JEMMA JOYCE TOBER
MARLEE A BECCA K. ICKOWICZ
SLOANE A MILLIE KAULENTIS
JESSICA A SAMANTHA KELLOGG
MALENA KLEFFMAN
BRONWYN KMIECIK
CHARLOTTE KNICKERBOCKER
VIOLET KNOBLOCK
RACHEL BELLA KOLB
GABBY A COCO KOLSKY
MILA KONAR
DARWYN A LEVVEN KOVNER
OLIVIA KRAFT
SHAYNA A LAYLA KRAFT
ZORA KRAFT
LUCY A LOLA KRAMER
MORGAN A CLAIRE KREMER
CLARA LUISE KUHLMANN
VIVIENNE LAURIE-DICKSON
JULIA LEGENDRE
BOWIE LEGGIERE-SMITH
ARIANNA LEONZIO
DARCY LESTER
ARABELLA A KRISTEN LEVINE
EMILIA LEVINSEN
SOFIA LEVITAN
GWYNETH LEYS
ERICA A. A SHELBY N. LIED
IRENE LINDBERG
AUDREY LIU-SHEIRBON
SYDNEY LOERKE
ROXANNE LONDON
SIENA AC EMERY LONG

GIULIA LORENZONI

BRIE LOVE

LILY KATHRYN LOWE

ELLAMARIE MACARI-MITCHELL

NATALIA MACIAS

ALISON A CAROLINE MACINNES

MACKENZIE A MACKAYLA

IESHA LUCILE MAE

AISLINN MANUS

LUCIA MARGHERITA

MOXIE MARQUIS

LEONOR A LAURA MARUJO TRINDADE

CARYS MATHEWS

EVELYN A TEAGAN MCCORMICK

VIOLET MCDONALD

JOSEPHINE, AYLIN A SYLVIA MCILVAINE

ALIZE A VIANNE MCILWRAITH

ANNABELLE MCLAUGHLIN

MAGGIE MCLOMAN

FIONA MCMILLEN

SOPHIA MECHAM

RYLIE MECHAM

MAILI MEEHAN

AVA MILLER

MORGAN MILLER

NOA MILLER

KATHERINE MILLER

PHOEBE MOELLENBERG

ALEXANDRA LV MOGER

LUBA A SABRINA MIRZA MORIKI

FRIDA MORTENSEN

SARAH MOSCOWITZ

VIOLET J. MOURAS

MABEL MUDD

GEORGIANA MURRAY

NOOR NASHASHIBI

BEATRICE NECCHI

SYDNEY NICHOLS

ELLEN NIELSEN

DYLAN A MARGAUX NOISETTE

VALENTINA NUILA

SUMMER O'DONOVAN

KSENIA O'NEIL

RIN O'ROURKE

ZELDA OAKS

OLIVIA SKYE OCAMPO

EMMA OLBERDING

CLAIRE ORRIS

ELEANORA OSSMAN

CHAEYOUNG A CHAEWON OUM

KHAAI OWENS

MAJA A MILA OZUT

POPPY OLIVIA PACE

OLIVIA PANTLE

SIMRIN MILA A SIANA JAYLA PATEL

ANNAMARIA AC ELIO PAVONE

TINLEY PEHRSON

OAKLEY PEHRSON

SIENA PERRY

SCARLETT PETERS

ALEXANDRA A GABRIELLE PETTIT

FEI PHOON

SUNNY A HARA PICKETT

MACYN ROSE PINARD

BRESLYN, ARROT A BRAXON PLESH STOCK-
BRATINA

MADISYN, MALLORY A RAPHAEL PLUNKETT

FRANCES SOPHIA POE

ELSA PORRATA

ALEXANDRA FRANCES RENNIE

ANNA A FILIPPO RENZI

AVA RIBEIRO

MIKAYLA RICE

ZOE RIVERA

ARIA AC ALANA ROBINSON

CLEO ROBINSON

SOFIA, BEATRICE AC EDOARDO ROCHIRA

SOPHIE ROMEO

ELLA ROMO

LUCY ROTE

SOFÍA RUÍZ-MURPHY

SILVIA SABINI

ELIZABETH SAFFER

VIOLA SALA

MANUELA SALES STEELE

ESMIE SALINAS

KAYLA SAMPLE

KYRA SAMPLE

MIA AC IMANI SANDHU

SOFIA SANNA

KENDRA SAWYER

LUCY SCHAPIRO

NORAH ELOISE SCHMIT

BELLA SCHONFELD

ELISENDA SCHULTZ

MOLLY SCOTT

KYLIE A KAITLYN SCOTT

NATALIE SER TYNG WANG

AMAYA A KAVYA SETH

CRISTINA AC EVELYN SILVA

SHAI SIMPSON

ELLA AUSTEN A KAILANI MEI SKOREPA

PHOEBE SMITH

ARLENE SMITH

OLIVIA-LOUISE SMITH

SARA SNOOK

EVERLY SNOW

GENEVIEVE AC EMERY SNYDER

SELIA SOLORZANO

AURORA SOOSAAR

AVA STANIEWICZ

RHYAN STANTON

BROOKE STARCHER

ANNABEL WINTER STETZ

SHELVIA STEWART

MAIA STRUBLE

EMMA STUBBS

GJ STUCKEY

NAVAH A MOLLY STUHR

MYA SUMMERFELDT

SYDNEY SUTHERLAND

SIMONE SWINGLE

VICTORIA SZRAMKA

LOLA-IRIS A LINLEY TA

OLIVIA TAPLEY

HAILEY ADAMS THALMAN

SOPHIE A VIOLET THI BRANT

LUANA THIBAULT CARRERAS

REBECCA THROPE

PENELOPE TRAYNOR

JULIA TRGOVCEVIC

CAROLINE TUCKER

CORA ELIZABETH TURNER

SONIA TWEITO

ZOOEY TYLER WALKER

AGNES VÅHLUND

FINLEY VARGO

SARAH VASILIDES

SOPHIE VASSER

NOEMI VEIT

RIDHI VEKARIA

GABRIELLA VERBEELEN

NAYARA VIEIRA

FABLE VITALE

GRACE MARIA WAITE

RAEGAN A DARBY WALSH

TOVA ROSE WASSON

JOSEPHINE WEBSTER-FOX

ELIZABETH WEBSTER-MCFADDEN

ZOE A TESSA WEINSTEIN

HARPER WEST

LAUREN WEST

STELLA WEST-HUGHES

ANNA WESTENDORF

ELLIA A VICTORIA WHITACRE

ELEANOR MARIE WHITAKER

MADELYN WHITE

KAYLA WIESEL

GRACE WILLIAMS

TESSANEE A KIRANNA WILLIAMS

SAM WILSON

VICTORIA PAYTON WOLF

GEMMA WOMACK

TEDDY ROSE WYLDER HEADEY

CHLOE YOUSEFI

HANNAH YUN FEI PHUA

AZUL ZAPATA-TORRENEGRA

SLOANE ZELLER

WILLA A WINNIE ZIELKE

· DARLUNWYR ·

Dyma'r chwe deg artist benywaidd a ddarluniodd lluniau'r merched arloesol a bortreadir yn *Straeon Nos Da i Bob Rebel o Ferch*.

T. S. ABE **UDA**, 31, 161

CRISTINA AMODEO **YR EIDAL**, 53, 165

ELIZABETH BADDELEY **UDA**, 127

ALICE BARBERINI **YR EIDAL**, 139, 191

ELENIA BERETTA **YR EIDAL**, 43

SARA BONDI **YR EIDAL**, 107

MARIJKE BUURLAGE **YR ISELDIROEDD**, 35

CLAUDIA CARIERI **YR EIDAL**, 17, 123, 171

ÉDITH CARRON **FFRAINC**, 111

MICHELLE CHRISTENSEN **UDA**, 197

JESSICA M. COOPER **UDA**, 199

ELEANOR DAVIS **UDA**, 169

BARBARA DZIADOSZ **YR ALMAEN**, 93, 159

ZOZIA DZIERŻAWSKA **GWLAD PWYL**, 75, 87

PAOLA ESCOBAR **COLOMBIA**, 163

GIULIA FLAMINI **YR EIDAL**, 13, 133

ANA GALVAÑ **SBAEN**, 49, 89, 187

MONICA GARWOOD **UDA**, 21, 69, 153

DEBORA GUIDI **YR EIDAL**, 111, 141, 175

SAMIDHA GUNJAL **INDIA**, 179

AMANDA HALL **UDA**, 121

LEA HEINRICH **YR ALMAEN**, 19, 55

KATHRIN HONESTA **INDONESIA**, 63, 85

ANA JUAN **SBAEN**, 9, 185

ELENI KALORKOTI **YR ALBAN**, 67

BIJOU KARMAN **UDA**, 5

PRIYA KURIYAN **INDIA**, 29, 129

JUSTINE LECOUFFE **UDA**, 25, 71

KIKI LJUNG **GWLAD BELG**, 39, 61, 173

MARTA LORENZON **YR EIDAL**, 45

SOPHIA MARTINECK **YR ALMAEN**, 81

SARAH MAZZETTI **YR EIDAL**, 99

KARABO MOLETSANE **DE AFFRICA**, 105

HELENA MORAIS SOARES **PORTIWGAL**, 59, 149

SALLY NIXON **UDA**, 65, 167

MARTINA PAUKOVA **SLOFACIA**, 125, 137

CAMILLA PERKINS **UDA**, 155

RITA PETRUCCIOLI **YR EIDAL**, 79, 147

ZARA PICKEN **UDA**, 157

CRISTINA PORTOLANO **YR EIDAL**, 7, 37, 131

KATE PRIOR **UDA**, 23, 109

PAOLA ROLLO **YR EIDAL**, 51, 77

MALIN ROSENQVIST **SWEDEN**, 95, 103

DALILA ROVAZZANI **YR EIDAL**, 57

KAROLIN SCHNOOR **YR ALMAEN**, 41

MARTA SIGNORI **YR EIDAL**, 115, 143, 183

NOA SNIR **ISRAEL**, 195, 201

RIIKKA SORMUNEN **FFINDIR**, 73

CRISTINA SPANÒ **YR EIDAL**, 113, 117

GAIA STELLA **YR EIDAL**, 119

LIZZY STEWART **PRYDAIN**, 27

ELISABETTA STOINICH **YR EIDAL**, 3, 33

GERALDINE SY **YNYSOEDD Y PHILIPINAS**, 11, 181

THANDIWE TSHABALALA **DE AFFRICA**, 135, 189

ELINE VAN DAM **YR ISELDIROEDD**, 15, 177

CARI VANDER YACHT **UDA**, 91

LIEKE VAN DER VORST **YR ISELDIROEDD**, 97

EMMANUELLE WALKER **CANADA**, 83

SARAH WILKINS **SELAND NEWYDD**, 37, 101, 145

PING ZHU **UDA**, 151, 193

• DIOLCHIADAU •

Mae diolchgarwch yn un o'r emosiynau cryfaf. Mae'n gynsail sydd wedi mynd law yn llaw â'r llyfr hwn o'r dechrau hyd at yr ennyd hon, a'r llyfr erbyn hyn yng nghledr dy law. Rŵan, a thithau ar fin ei orffen, mae'n amser i ni estyn ein diolch i rai o'r merched sy'n bwysig i ni.

Ein mamau, Lucia a Rosa, am eu ffydd ynom, ac am ddangos i ni, dro ar ôl tro, fod eneidiau rebelaidd yn rymus ac yn anorchfygol; ein nith newyddanedig, Olivia, am roi rheswm arall i ni frwydro; Antonella, am fod yn chwaer fawr yn gyson, er mai chwaer fach ydy hi mewn gwirionedd; Annalisa, Brenda ac Elettra – y ffrindiau gorau yn y byd i gyd yn grwn; Christine o 500startups, buddsoddwraig gyntaf Timbuktu Labs, a gytunodd i fod yn rhan o'r fenter ar ôl un cyfarfod byr; Arianna, am ei brwdfrydedd di-ben-draw am bopeth yn ymwneud â Timbuktu ac am ei chydweithrediad gwerthfawr ar waith ymchwil y llyfr hwn; Vilma, am fod yn graig; nonna Marisa â'i llygaid disglair, am fod yn enaid hoff cytûn; nonna Giovanna, am gadw traed pawb ar y ddaear gyda'i dyfyniadau ysbrydoledig; zie Lelle, am y chwerthin heintus.

Diolch o waelod calon hefyd, i'r 20,025 o'n cefnogwyr (hyd yma) a'n helpodd i wireddu ein breuddwyd a chreu'r gyfrol.

Oni bai amdanoch chi, fyddai'r llyfr yma ddim yn bod.

• YR AWDURON •

Mae **ELENA FAVILLI** yn newyddiadurwraig arobryn ac *entrepreneur* cyfryngol. Bu'n gweithio i gylchgrawn *COLORS*, McSweeney's, RAI, *Il Post*, a *La Repubblica*, a bu'n rheoli ystafelloedd newyddion digidol bob ochr i Fôr yr Iwerydd. Mae ganddi radd meistr Celfyddyd Gain mewn Semioteg o Brifysgol Bologna ac astudiodd newyddiaduraeth ddigidol ym Mhrifysgol Califfornia, Berkeley. Yn 2011, ar y cyd â Francesca Cavallo, cynhyrchodd y cylchgrawn iPad cyntaf ar gyfer plant, sef *Timbuktu Magazine*. Hi yw sylfaenydd a Phrif Swyddog Gweithredol Timbuktu Labs. *Straeon Nos Da i Bob Rebel o Ferch* yw ei phumed llyfr i blant.

Mae **FRANCESCO CAVALLO** yn awdur cyhoeddedig a chyfarwyddwr theatr arobryn. Mae ganddi radd meistr Celfyddyd Gain mewn Cyfarwyddo Theatr o Paolo Grassi, Ysgol Gelfyddyd Ddramatig ym Milan. Yn ddyfeisydd cymdeithasol angerddol, Francesca yw sylfaenydd Sferracavalli, Gŵyl Ryngwladol Dychymyg Cynaliadwy yn ne'r Eidal. Yn 2011, ymunodd ag Elena Favilli i sefydlu Timbuktu Labs; mae hi bellach yn Gyfarwyddwr Creadigol yno. *Straeon Nos Da i Bob Rebel o Ferch* yw ei seithfed llyfr i blant.

Mae Elena a Francesca yn byw yn Fenis, Califfornia.

Mae **TIMBUKTU LABS** yn labordy cyfryngau dyfeisgar i blant, a sefydlwyd gan Elena Favilli a Francesca Cavallo. O lyfrau i feysydd chwarae, ac o gemau symudol i weithdai rhyngweithiol, mae Timbuktu yn ymroddedig i ymestyn ffiniau cyfryngau plant drwy gyfuno cynnwys pryfoclyd, sy'n peri i rywun feddwl, dyluniadau sy'n wledd i'r llygad, a thechnoleg newydd sbon. Gyda dwy filiwn o ddefnyddwyr mewn mwy na 70 gwlad, 12 ap ffôn a 7 llyfr, mae Timbuktu yn prysur greu cymuned fyd-eang o rieni blaengar.

Mae cynnyrch *Timbuktu* wedi ennill y gwobrau canlynol:

- **2016** *Play 60, Play On* (menter gan yr NFL foundation i ailgreu meysydd chwarae cyhoeddus)
- **2014** *First Special Mention* yng Ngŵyl Bensaernïol Biennale Bordeaux
- **2013** Cylchgrawn Plant Gorau'r Flwyddyn y *London Digital Magazine Awards*
- **2012** Gwobr Dyluniad Gorau yn *Launch Education and Kids*
- **2012** *Best Italian Startup*

Ymunwch â chymuned Rebel Girls drwy ymweld â:
    Facebook: www.facebook.com/rebelgirls
    Instagram: @rebelgirlsbook
    Y we: www.rebelgirls.co/secret

Os prynoch chi'r llyfr hwn drwy Amazon, os gwelwch yn dda cymerwch funud neu ddau i'w adolygu!

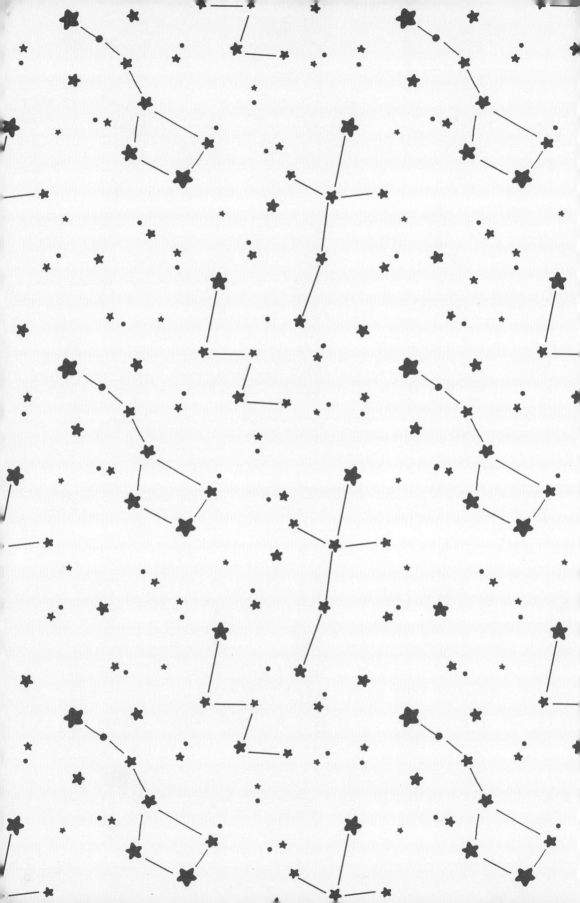